「律师说法」案例集（3）

韩英伟 主编

中国商务出版社
CHINA COMMERCE AND TRADE PRESS

图书在版编目（CIP）数据

"律师说法"案例集. 3 / 韩英伟主编. --北京：中国商务出版社，2021.10

ISBN 978-7-5103-4020-8

Ⅰ. ①律… Ⅱ. ①韩… Ⅲ. ①案例-汇编-中国 Ⅳ. ①D920.5

中国版本图书馆 CIP 数据核字（2021）第 199041 号

"律师说法"案例集（3）
LÜSHI SHUOFA ANLIJI（3）

韩英伟　主编

出版发行：	中国商务出版社
社　　址：	北京市东城区安定门外大街东后巷 28 号　邮编：100710
网　　址：	http://www.cctpress.com
电　　话：	010-64212247（总编室）　010-64218072（事业部）
	010-64208388（发行部）　010-64515137（事业部）
排　　版：	北京墨知缘文化传媒有限公司
印　　刷：	北京荣泰印刷有限公司
开　　本：	710 毫米×1000 毫米　1/16
印　　张：	16
版　　次：	2021 年 11 月第 1 版　印　次：2021 年 11 月第 1 次印刷
字　　数：	238 千字　定　价：68.00 元

版权所有　盗版必究　盗版侵权举报可发邮件至 cctp@cctpress.com
购买本社图书如有印装质量问题，请与本社印制部（电话：010-64248236）联系

编委会

策 划：郝惠珍
主 编：韩英伟
执行主编：张印富 杨 倩
副主编：刘 涛 曲衍桥 娄 静
　　　　孙向阳 徐稔樱 何忠民

编 者（按姓氏拼音首字母排序）：
　　　　安思霖 董圆圆 高 庆 郜芬芬
　　　　康文平 刘会民 刘 敏 李 韬
　　　　潘建华 汤学丽 温奕昕 袁方臣
　　　　张其元 张 鹏 张 颖 赵爱梅

序 言 PREFACE

"赤橙黄绿青蓝紫,谁持彩练当空舞?"伟大的中国共产党带领全国人民走过了光辉历程,取得了举世瞩目的辉煌业绩。2021年,在我们共同庆祝中国共产党建党100周年之际,《"律师说法"案例集(3)》即将出版。

百年征程波澜壮阔,百年初心历久弥坚。在我们实现了第一个百年奋斗目标后,乘势而上开启了全面建设社会主义现代化国家的新征程。历史川流不息,精神代代相传。在这个大格局下,《"律师说法"案例集(3)》作为一本体现着法治精神、法治内涵、法治信仰的书籍,记载着法治建设历程、法治发展过程的案例,带着律师们温情、感情、热情的普法成果,又要与大家见面了。

《"律师说法"案例集(1)》出版于2020年,这一年是中华人民共和国成立71周年,是律师制度恢复40周年。这本书是为了全面落实党的十八届四中全会提出的普法要求编写而成,全书案例体现着学法、遵章守法、执法的理念。

《"律师说法"案例集(2)》更是带着历史的使命,作为向中国共产党建党100周年献礼的"礼物",出版于2021年。书中的案例体现着共建"一带一路"丰硕成果中的法治推动、经济新体制建立新格局加速形成中的法治保障。

《"律师说法"案例集(3)》则是在实现第一个百年奋斗目标之后,全党乘势而上在开启全面建设社会主义现代化国家新征程的历史新起点时面世。书中的案例集中体现着在奔赴新的时代征程中,盈科人依法办事的决心和信心。

一日一个案例,一年两本案例集,盈科律师一步一个脚印,勤勤恳恳、扎扎实实用自己的实际行动,传播着法治思想、法治理念和法律精神。书中入选的案例从案件事实、办案程序、争议焦点、法律适用、社会警示的角度做出演绎解析，阐明其中的法、理、情，以期增进公众对实体和程序维度的司法公正、司法裁判的理解，自觉执行生效的法律裁决。

"盈科律师一日一法"公众号通过三年的努力，已经成为一个品牌。盈科律师每日推送的案例，在今日头条等200多家媒体上广为传播，获得了公众的广泛认可，其影响力、感染力实现了"弘扬法律精神、传播法律知识"的目标。同时，公众号也通过以案说法的形式，在法官、公诉人、律师和当事人之间架起了一座学法用法、沟通理解的桥梁，逐渐成为百姓学法用法的良师益友。

"盈科律师一日一法"案例的采集和编写，充分体现了盈科律师专业的法治素养、深厚的法学功底、严谨的逻辑思维、丰富的实践经验。本书在案例的选取上突出了典型性、时代性、新颖性、群众性。他们通过自己承办的案件，以及周围群众遇到的社会事件和热点问题，采用题目吸引人、内容接地气、法律观点分析言简意赅、一案一释法的形式，为公众做出了正面的引导和反面的警示。

"盈科律师一日一法"刊登的案例，优中选优，编辑3本书、300多个案例，700多页的篇幅、60万字的书写、300万人的点赞与收藏蔚为壮观。在这里我代表编委会向贡献案例的同仁、编写案例的律师、关注此书的朋友、阅读此书的读者、点赞的网友、提出意见建议的老师们，表示最衷心的感谢！

律师是法治国家的建设者、参与者、推动者。盈科人愿将"盈科律师一日一法"作为推动法治建设的实际行动和生动记录，为法治社会建设绘就出一幅赤橙黄绿青蓝紫的缤纷画卷，而歌、而舞！

谨此祝贺《"律师说法"案例集（3）》的出版，我隆重推荐这本书，也希望你能喜欢。

中华全国律师协会女律师协会副会长兼秘书长
北京市盈科律师事务所创始人名誉主任、党委书记　　郝惠珍

2021年9月1日于北京

目录 CONTENTS

第一部分　民事法篇

1. "夫妻约定财产制"能有效防止"被负债"？ ………… 张印富 / 003
2. 对争议土地，如何行使占有排除妨害请求权？ ………… 刘　涛 / 007
3. 债权人对担保人如何行使审查义务？ ………………… 朱庆良 / 009
4. 男方不忠事实暴露，起诉岳母、妻子争房能否胜诉？ ……… 刘　敏 / 011
5. 钟某与张某等人涉及民间借贷纠纷案，为何发回重审？ …… 刘　通 / 013
6. 从"某洋债"案看律师如何防范执业风险？ ……………… 徐稔璎 / 015
7. 房屋买卖过程中，被法院查封怎么维权？ ……………… 卢启华 / 019
8. 对恶意串通、无权处分的房屋买卖合同，法院如何判决？ …………
　　　　　　　　　　　　　　　　　　　　　　　　赵继云 / 022
9. "最终解释权归本店所有"是否有效？ …………………… 张　鹏 / 025
10. 退回商业预付卡内的服务费用，是否受法律保护？ ……… 闫成祥 / 027
11. 调解婚姻纠纷，如何为当事人争取6000万元？ …………… 刘　敏 / 029
12. 民间借贷案欠款350万元，原告为何撤诉？ ………………… 杨　飞 / 031
13. 使用私刻的印章提起诉讼，是否具有法律效力？ ………… 翁唐仁 / 033
14. 祖父母要求行使对孙子女的探望权，能否得到支持？ …… 潘建华 / 035

15. 商标权利人签署商标许可协议后，注册并使用与之近似的商标违法吗？
　　……………………………………………………………… 刘云佳 / 037
16. 工程停工，按进度支拨的居间费是否还需给付？………… 林艺惠 / 039
17. 声明放弃继承后，如何重获高额财产继承？……………… 刘　敏 / 041
18. 某公司申请人格权侵害禁令，判决为何驳回？…………… 张　颖 / 043
19. 抵押合同中约定的流押条款，是否有效？………………… 李　韬 / 045
20. "背户车"买卖合同是否有效？…………………………… 张　鹏 / 047
21. 男子意外去世后，共同生活的女友能否获得保险金？…… 赵庆雨 / 049
22. 有借据、银行打款流水，法院为何驳回原告方诉讼请求？
　　……………………………………………………………… 王　旭 / 052
23. 商品名称中包含他人注册商标，是否构成侵权？………… 董园园 / 054
24. 遗赠扶养人能否成为赔偿权利人？………………………… 刘会民 / 055
25. 父母双方离婚，如何争取婚生子女抚养权？……………… 张　颖 / 057
26. 无证驾驶者由于道路不平发生交通事故，责任应由谁承担？
　　……………………………………………………………… 郜芬芬 / 059
27. 恋爱期间的经济往来如何认定，是借贷还是赠与？……… 张　颖 / 061
28. 提供"共享"视频会员账号获利是否合法？……………… 张　昊 / 063
29. 签署以质押车辆为目的债权转让协议，是否属于转质权纠纷？
　　……………………………………………………………… 张　颖 / 065
30. 网络侵权责任纠纷中，侵犯对方名誉权如何认定及处理？
　　……………………………………………………………… 安思霖 / 067
31. 乔丹体育公司为何被判停止使用"乔丹"商号？………… 董园园 / 069
32. 服务商标如何提供使用证据？……………………………… 刘云佳 / 071
33. 经授权的生产商、销售商为何仍构成侵权？……………… 董园园 / 073
34. 房子没有住进去，也需交物业费？………………………… 郜芬芬 / 075
35. 顺风车发生交通事故，保险公司是否承担责任？………… 张　颖 / 076
36. 旅游侵权纠纷，如何划分责任？…………………………… 温奕昕 / 078

37. 对赌协议约定的对价严重低于保底费用，效力如何？ …… 王　阳 / 080

38. 融资租赁合同未及时支付租金，承担哪些法律责任？ …… 温奕昕 / 083

39. 辩称电子合同非本人操作，能否得到法院支持？ ………… 郜芬芬 / 085

40. 丽枫商务酒店使用"丽枫"商标，是否构成商标侵权？ … 董园园 / 086

41. 建设水电站导致村民房屋受损，为何判决排除妨害？ …… 娄　静 / 088

42. 对涉案财产处置的刑事判决事实，能否提起民事诉讼？ … 孙向阳 / 090

43. 包装箱使用"阿克苏苹果"等标识，为何不构成商标侵权？ …………
　　 …………………………………………………………… 董园园 / 093

44. 信用卡透支消费所欠的全额，如何核算？ …………… 张　颖 / 095

第二部分　刑事法篇

45. 某公司及林某某等非法采矿一案，二审为何发回重审？ … 韩英伟 / 099

46. 非法经营获利两亿元，为何在法定刑以下量刑？ ………… 袁方臣 / 100

47. 千万元"奖励"惹事端，数罪并罚为何获缓刑？ ………… 李亚普 / 102

48. 都是贪污"大老虎"，为什么赖某民被判处死刑？ ……… 康文平 / 104

49. 盗窃超市商品构成犯罪，检察院为何相对不起诉？ ……… 张印富 / 105

50. 吕某假冒警察身份骗款，法院为何仅认定为诈骗罪？ …… 韩英伟 / 109

51. 合同诈骗罪数额特别巨大，为何取保候审？ ……………… 原东峰 / 110

52. 高某涉嫌诈骗案，为何不批准逮捕？ ……………………… 王　源 / 112

53. "维权过度"涉嫌聚众扰乱社会秩序罪，为何免予刑事处罚？ …………
　　 …………………………………………………………… 娄　静 / 117

54. 甲某被追砍反击，为什么不构成正当防卫？ ……………… 叶晓勇 / 119

55. 张某涉嫌破坏计算机信息系统罪，为何变更罪名？ ……… 潘建华 / 121

56. 胡某非法吸收公众存款，再审为何改判无罪？ …………… 袁方臣 / 124

57. 杨某、康某寻衅滋事为何免于刑事处罚？ ………………… 杨　飞 / 126

58. 说别人"草包"违法吗？ …………………………………… 康文平 / 128

59. 张某非法吸收公众存款千万元，为何能取保候审？ ………… 刘高锋 / 130

60. 涉嫌250万元的受贿案，二审辩护为何获改判缓刑？ …… 阚月玥 / 132

61. 超市盗窃六次，检察院为何作出不起诉决定？ ………… 温奕昕 / 134

62. 民警办案时多次强奸女性，被害人如何维权？ ………… 康文平 / 136

63. 刘某放火烧自家房屋，为何被判处缓刑？ ……………… 李岩玲 / 137

64. 公安机关指控诈骗，检察院为何不起诉？ ……………… 杨　飞 / 139

65. 曾某被指控涉黑八起犯罪，为何四起未认定？ ………… 何　山 / 141

66. 电信网络诈骗案，郭某为何判处缓刑？ ………………… 刘　通 / 146

67. 欲复婚遭拒便杀了前妻，仅凭自首情节就被判死缓，是否合理？ ………
　　　　　　　　　　　　　　　　　　　　　　　　… 康文平 / 148

68. 黄某争抢过路母猪，为何不构成抢劫罪？ ……………… 孙向阳 / 150

69. 被告人撤诉后，检察院的抗诉为何被法院驳回？ ……… 温奕昕 / 152

70. 从楼上扔菜刀，徐某为何构成高空抛物罪？ …………… 郜芬芬 / 154

71. 聚众斗殴"持械"，法院为何没有认定犯罪？ …………… 杨　飞 / 156

72. 余某某交通肇事案上诉，为何加重刑罚？ ……………… 李　韬 / 157

73. 借款人的借贷行为被认定为犯罪，民间借贷合同是否无效？ ………
　　　　　　　　　　　　　　　　　　　　　　　　… 文香香 / 159

74. "知假买假"后进行索赔，是否构成敲诈勒索罪？ ……… 张　昊 / 161

75. 强奸犯逃跑后被追打成重伤，是故意伤害还是正当防卫？ ………
　　　　　　　　　　　　　　　　　　　　　　　　… 郜芬芬 / 163

76. 民间借贷行为涉嫌非法集资犯罪，应如何处理？ ……… 安思霖 / 165

第三部分　公司法篇

77. 法定代表人以公司的名义提供的担保，对公司是否有效？ ………
　　　　　　　　　　　　　　　　　　　　　　　　… 曲衍桥 / 169

78. 公司盈利状态下股东"打架"，可以解散公司吗？ ……… 杨　倩 / 172

79. 股东出资到位，是否承担公司债务？……………………… 陈 微 / 174

80. 公司法定代表人越权担保，担保效力如何认定？………… 葛 冰 / 176

81. 为何转让境外公司的股权，也要在中国缴税？…………… 王 阳 / 180

82. 公司法人人格否定之诉中，法院如何认定"资本显著不足"？………………………………………………………… 葛 冰 / 183

83. 股权转让存在重大瑕疵，是否有效？……………………… 潘建华 / 187

84. 认定股东抽逃出资，如何追加股东承担责任？…………… 白小雨 / 190

85. 滥用公司独立人格，股东承担什么责任？………………… 郭灿炎 / 192

86. 股东能否以公司严重亏损为由，提起公司解散之诉？…… 文香香 / 195

87. 公司增资中认股人取得股东资格，应如何认定？………… 帅 南 / 198

88. 隐名股东的股东资格如何确认？…………………………… 刘 涛 / 200

第四部分　劳动合同法篇

89. 如何看待996工作制涉及的劳动纠纷？…………………… 康文平 / 205

90. 员工自愿签署不缴纳社保的承诺，反悔是否受法律支持？………………………………………………………… 陈耀云 / 206

91. 员工离职后，能否与原单位客户进行业务往来？………… 张 鹏 / 209

92. 签订工伤私了协议后，能否主张赔偿？…………………… 潘建华 / 211

93. 劳动者加班未经审批，是否有效？………………………… 白小雨 / 213

94. 年底离职，是否能主张年终奖金？………………………… 耿 珂 / 215

95. 用工单位缴纳社保补贴款，是否等于缴纳社保？………… 张 颖 / 217

96. 入职申请表未交付员工，是否属于劳动合同？…………… 高 庆 / 219

97. 员工不同意调岗，单位以"旷工"辞退合法吗？………… 白小雨 / 221

第五部分　行政法篇

98. 省政府作出的行政复议决定书，法院为何撤销？ ………… 娄　静 / 225
99. 对收回闲置国有土地使用权的补偿标准，地方政府如何界定？ …………
　　………………………………………………………… 韩英伟 / 227
100. 颁证行为影响通行，相邻权人告政府合法吗？ ………… 刘会民 / 229
101. 林业局颁布的采伐许可证，为何被法院撤销？ ………… 温奕昕 / 231
102. 提交申请商标使用证据后，行政诉讼为何仍败诉？ ……… 李　楠 / 232
103. 行政机关对举报人未依法处理，是否具有可诉性？ ……… 韩英伟 / 234
104. 行政诉讼如何认定商标注册申请的主观恶意？ ………… 李　楠 / 236
105. 申请商标无效被驳回后，如何成功为当事人维权？ ……… 王　晔 / 238

后　记 ……………………………………………………………… 241

第一部分 民事法篇

1. "夫妻约定财产制"能有效防止"被负债"？

□ 张印富

【案情简介】

甲、乙原系夫妻关系，2020年8月12日经法院判决离婚。

双方在婚姻关系存续期间，于2013年9月15日签订《协议》约定：A公司为甲婚前其父母出资成立，甲受父母委托出任A公司的法定代表人并对公司日常事务进行管理，但对公司盈利不享有支配或分配权利。甲受公司委托将公司现金以甲私人名义对外出借，以帮助公司赚取投资收益。双方婚姻关系存续期间财务各自独立，如发生离婚无论过错方为何方，另一方均自愿放弃过错赔偿要求。任何一方不得额外再提出其他财产权利要求。

2015年5月30日，乙向甲出具授权委托书：委托甲对外的全部借入和借出款项事宜，并签订全部《抵押借款合同》《借款合同》或《还款协议》；承诺代理人在其权限范围内签署的一切有关文件均予承认并自愿承担法律责任和义务，由此产生的一切纠纷和后果及因此产生的法律风险由委托人自行承担。

2018年3月31日，A公司与甲、乙签订《委托理财协议》约定：A公司将2161万元交予甲从事理财，甲承诺年平均收益不少于10%，收益超出部分奖励甲40%作为酬劳；甲每次选择理财渠道和金额时必须征得A公司同意，在A公司对甲选择理财渠道同意的情况下出现风险全部由A公司承担，甲不承担风险。反之，由甲承担全部理财风险；甲每年从理财收益中有权获得不少于10%的奖励，作为对其酬劳；乙完全知晓并同意此款属公司资产，不属于其与甲的个人资产，乙承诺无论何种情况下不对此部分资产提出任何权利。

2018年3月31日，A公司分别与甲在2012年1月1日至2018年3月

31日《借款往来汇总表》上签字，载明借款本息合计27,226,403元。

2018年4月1日，A公司与甲签订《还款协议书》：A公司与甲共同对账，确认截止2018年3月31日甲尚欠A公司借款27,226,403元；甲承诺于2018年5月1日前还清欠款；如果甲未按上述时间足额给付，则A公司有权就余款部分通过司法途径寻求救济。

2018年5月31日，A公司向法院起诉，请求甲偿还A公司借款本金27,260,082元及利息，乙对上述债务承担连带责任。

被告甲辩称，认可A公司向法院起诉的借款本金27,226,403元，但夫妻双方共同分享了该借款所带来的利益，因此，债务也应共同承担。

被告乙辩称：甲在诉讼离婚期间，利用其实际控制的家族企业提起诉讼，让乙承担债务，以达到甲在离婚中多分财产目的。本案涉及的欠款未用于家庭共同生活，乙不应承担责任。甲与A公司2018年3月31日签订的《还款协议书》未有乙授权、签字，要求乙承担连带责任无根据。

【判决结果】

一审法院判决乙在甲欠款范围内承担连带责任。乙不服，提起上诉。

二审法院撤销一审判决，乙对甲欠A公司债务不承担连带责任。

【律师解读】

本案一审法院认为，甲与A公司签订《委托理财协议》后又与A公司按民间借贷进行结算，签订《还款协议书》是双方达成的合意，双方应按《还款协议书》确定各自权利义务。2013年9月15日，甲、乙签订的《协议》载明，甲受公司委托将公司资金以甲私人名义对外出借，以帮公司赚取投资效益，表明乙对公司委托甲理财一事知情。2015年5月30日，乙给予甲《授权委托书》，委托甲全权代表乙办理，故可以认定乙对于甲用公司款开展理财给予充分授权。表明甲使用公司资金用于理财属于夫妻共同经营，甲所负相应债务应属夫妻共同债务，乙应承担连带责任。

二审法院认为，乙对甲所欠A公司的债务不承担连带清偿责任。理由是：

1. 甲乙2013年9月15日签订《协议》约定在婚姻存续期间各自的财产独立，甲作为A公司法定代表人，A公司应当知晓。根据《民法典》第一千零六十五条第三款"夫妻对婚姻关系存续期间所得的财产约定归各自所有，夫或者妻一方对外所负的债务，相对人知道该约定的，以夫或者妻一方的个人财产清偿"。对A公司的债务应当以甲一方的个人财产清偿。

2. 乙没有在《借款往来汇总表》《还款协议书》上签字确认，没有作出承担案涉债务的意思表示，甲对债务的签字确认行为不应及于乙。尽管2015年5月30日乙向甲出具过授权委托书，但在此之前乙与甲已就婚内财产和债权债务的承担作出了约定。根据2013年9月15日的《协议》可知，乙系应甲的要求出具授权委托书，其授权目的系为方便甲履行公司委托其对外理财办理相关手续之用，并非用于甲以个人名义对外举债，不能确定对甲所欠债务承担连带清偿责任的意思表示。

3. 甲乙2013年9月15日签订的《协议》明确了若乙与甲离婚，不得对公司出借给甲的款项主张财产及相关经营收益分配权利，鉴于甲此时担任A公司法定代表人或总经理等职务的事实，A公司对上述协议的内容亦当明知。根据权利义务对等原则，即甲对A公司所欠的债务，A公司不得向乙主张，乙也不应当承担责任。

张印富律师支持二审法院的观点，透过本案"夫妻约定财产制"有效防止"被负债"，有如下启示：

一、"夫妻约定财产制"更适应复杂多样的社会生活，更体现当事人的个性化需要

所谓夫妻约定财产制，是指夫妻或即将成为夫妻的人，以契约的形式，约定相互间的财产关系，从而排除法定财产制适用的制度。约定财产制优先于法定财产制适用，在没有约定或约定不明的情形下，适用法定财产制。随着社会的发展和人们独立意识的增强，夫妻约定财产制更适用于现实生活中防止"被负债"的需要，对个人特有财产也更能体现个性化的需求，有利于保护个人财产。

我国《民法典》第一千零六十五条规定"男女双方可以约定婚姻关系

存续期间所得的财产以及婚前财产归各自所有、共同所有或者部分各自所有、部分共同所有。约定应当采用书面形式。没有约定或者约定不明确的，适用本法第一千零六十二条、第一千零六十三条的规定。夫妻对婚姻关系存续期间所得财产以及婚前财产的约定，对双方具有法律约束力。夫妻对婚姻关系存续期间所得的财产约定归各自所有，夫或妻一方对外所负的债务，相对人知道该约定的，以夫或妻一方的个人财产清偿。"该条规定是夫妻约定财产制的法律依据，延续了原《婚姻法》第19条的规定内容。

二、夫妻约定财产制需要符合一定的条件和形式

男女双方就财产关系进行约定是一种双方的民事法律行为，必须符合民事法律行为有效的要件。如，订约时男女双方必须具有完全的民事行为能力，意思表示真实，不违反法律，不违背公序良俗，约定的内容不超出自己财产的范围等。约定必须采用书面形式。如果没有约定，或约定不符合法律规定的形式和要求将被认定无效，则适用夫妻法定财产制，无法排除夫妻一方负债而另一方"被负债务"的风险。现实中结婚背债，离婚被负债的案例大量存在。

三、约定效力分为对内效力和对外效力

对内效力，是指对夫妻双方的效力。对夫妻婚姻关系存续期间所得的财产以及婚前财产的约定，对双方具有法律约束力。如因债权人不知道双方之间的约定，使得夫妻双方对夫或妻一方对外所负债务向债权人承担了连带清偿责任的，另一方可以向负债的一方进行追偿。

对外效力，是指对夫妻以外第三人的效力。实践中主要是指对债权人的效力。财产制约定属于内部契约，具有隐秘性，如果交易相对人不知晓，对该相对人不具有法律约束力。对于"相对人知道该约定的"事实，属于具体个案中举证责任的分配。对于相对人知道的时间，应当是在债务产生之前或产生当时，不包括在债务产生之后的情形。本案中，甲、乙在2013年9月15日签订《协议》约定财产各自独立，甲于2012年1月1日至2018年3月31日期间担任A公司法定代表人，其在2018年4月1日签订《还款协议书》，公司应当知晓，甲、乙内部契约对债权人具有法律约束力。

2. 对争议土地，如何行使占有排除妨害请求权？

□ 刘 涛

【案情简介】

某市三原告是某土地使用权及地上房屋所有权的共有人。其中，原告李某占有份额为3/8，戴某占有份额为3/8，冯某占有份额为2/8。多年来，三原告与被告张某相邻处的部分土地，一直被张某占用来堆放饲料，并建了房屋和围墙。原告不断制止无效，多次与被告交涉要求拆除房屋和围墙，返还土地，但被告张某一直不予理会，并称从祖辈开始就占有和使用。经公安机关协调未果，被告的行为已严重侵犯了三原告的权益，遂原告提起诉讼，请人民法院裁决。

【判决结果】

一审判决：被告张某于本判决生效之日起七日内停止对原告李某、冯某、戴某位于某市某镇某村土地使用权的侵占，拆除占用该土地的地上建筑物。

二审判决：上诉人张某的上诉请求不能成立，应予驳回；一审判决认定事实清楚，适用法律正确，应予维持。

【律师解读】

一、被告是否属于对原告土地使用权的侵占？

1. 就涉案土地的权属登记情况，某市人民政府的行政处理决定书及某省人民政府的行政复议决定书，均查明认定涉案土地使用权（包括争议部分）历次登记手续齐全，程序合法，不存在违规行为，即三原告合法享有涉案土地的使用权。相反，被告张某自始没有提供合法有效的证据证明对涉案土地享有任何权利。经查，所谓"祖辈开始就占有和使用"是其为了霸占土地而捏造的，完全背离事实。张某长期占用涉案土地并滥用法律程序，拖延法院的审判，已给原告造成了巨大的损失。本案的事实非常清楚，涉案土地的权属也十分明确。根据《土地管理法》第十二条规定，土地的所有权和使用权的登记，依照有关不动产登记的法律、行政法规执行。依法登记的土地的所有权和使用权受法律保护，任何单位和个人不得侵犯。

2. 就涉案土地的权属问题，原告已提交了不动产权证以证明对涉案土地（包括争议部分）享有合法的使用权，涉案土地的初始登记情况不属于一审法院的审理范围，张某认为涉案土地的初始登记存在问题，对此应负有举证责任。

3. 《最高人民法院关于审理房屋登记案件若干问题的规定》第五条第三款规定，原房屋权利人、原利害关系人未就首次转移登记行为提起行政诉讼，人民法院不予受理。本案中，张某并未就涉案土地首次转移登记行为提起行政诉讼，法院不予受理。

二、原告有权要求张某停止侵占涉案土地并拆除占用涉案土地的地上建筑物

张某未经原告李某、冯某、戴某同意而在涉案土地上修建围墙及房屋，属于妨害物权的行为。张某在三原告取得涉案土地的权属证书后，继续侵占该土地无合法依据，妨害了三原告的合法权利，三原告有权请求张某排除妨害、返还原物。根据《物权法》第三十四条规定，返还原物权请求权，无权占有不动产或者动产的，权利人可以请求返还原物；第三十五条规定，排除妨害、清除危险请求权，妨害物权或者可能妨害物权的，权利人可以请求排除妨害或者消除危险。因此，三原告有权要求张某停止侵占涉案土地，并拆除土地上的建筑物。

3. 债权人对担保人如何行使审查义务？

□ 朱庆良

【案情简介】

2017年11月14日，A公司与B公司签订航空货运融资租赁合同，同时C公司应B公司要求，自愿为B公司因不履行、不完全履行、无法履行融资租赁合同导致对A公司产生的债务提供全额、不可撤销的连带担保责任。但B公司在支付四期租金后，再无履行支付义务。在诉讼中，A公司要求C公司承担连带担保责任，C公司却要求A公司应当提供证据证明，其在订立合同时对担保人董事会或股东会决议进行了审查，否则，C公司拒绝承担连带担保责任。

【判决结果】

判决由C公司承担连带担保责任。

【律师解读】

1. 公司对外担保必须符合什么条件？

公司对外担保，承担一定的风险，需经公司的权力机构或执行机构同意后方有效。根据《中华人民共和国公司法》第十六条的规定，公司向其他企业投资或者为他人提供担保，依照公司章程的规定，由董事会或者股东会、股东大会决议。因此，未经董事会或者股东会、股东大会决议公司所做的担保，对外不发生效力。

2. 债权人对公司提供的担保负有什么样的审查义务？

其一，债权人为了确保公司提供担保的真实有效性，负有必要的审查义务。

其二，关于公司对外担保时债权人的审查义务具体为形式审查还是实质审查，根据商事外观主义原则，即以交易当事人行为的外观为标准，从而确定其行为所产生的法律效果，目的在于降低交易成本，维护交易安全。我国《民法总则》第61条第3款明确规定，法人章程或者法人权力机构对法定代表人代表权的限制，不得对抗善意相对人。因此，只要债权人能够证明其在订立担保合同时，对董事会决议或股东（大）会决议进行了审查，同意决议的人数及签字人员符合公司章程的规定，就应当认定其构成善意。但公司能够证明债权人明知公司章程对决议机关有明确规定的除外。总之，债权人对公司机关决议内容的审查一般限于形式审查，只要求尽到必要的注意义务即可，标准不宜太过严苛。

其三，公司以机关决议系法定代表人伪造或者变造、决议程序违法、签章（名）不实、担保金额超过法定限额等事由抗辩债权人非善意的，人民法院一般不予支持。但是，公司有证据证明债权人明知决议系伪造或者变造的除外。

由此可见，本案中，A公司只要提供C公司提交的担保是经过董事会决议或者股东（大）会同意，一般就认为完成了形式审查。

最后，为避免此类纠纷复杂化，债权人应积极主动履行审查义务，并存留证据，在诉讼中争取更有利的形势。

4. 男方不忠事实暴露，起诉岳母、妻子争房能否胜诉？

□ 刘　敏

【案情简介】

赵某与张某结婚后，张某将其婚前全款购买的一套房产 A 加上了赵某的名字，后又变更到赵某个人名下，之后赵某又将该房产 A 赠与并过户到其母亲个人名下。赵某婚后其母亲购买房产 B 时，张某还将其婚前房产 C 的出售款 200 多万元转账给赵某母亲，赵某将自己婚前房产 D 的出售款 100 多万也转账给了母亲，均用于支付房产 B 的部分购房款。赵某婚后还将自己婚前的另外一套房产 E 出售后，又以自己名义贷款购买了一套房产 F，房产 F 的首付款 600 多万元全部来源于房产 E 的出售款。2019 年，赵某在家大扫除，无意中发现了丈夫张某的日记和保存的光盘，里面有大量记载张某与多位异性发生不正当关系的文字和视频。张某出轨事实暴露后不思悔改，反而接连起诉赵某母亲进行了两场诉讼，主张赵某母亲名下的房产 A 和房产 B 均系张某所有，两个诉讼一审均败诉。随后张某又向法院起诉与赵某离婚，要求分割上述房产 A、房产 B 中以夫妻共同财产出资的款项以及房产 F。

【处理结果】

双方在法院调解离婚，调解书内容为：1. 张某与赵某离婚；2. 双方各自名下存款、住房公积金、养老保险个人缴存部分归各自所有；3. 双方各自名下债务由各自负担。

【律师解读】

本案笔者方代理的是赵某，双方之间的主要争议点在于房产 A、房产 B 以及房产 F 如何处理。由于房产 A 和房产 B 均在赵某母亲名下，而房产 A 已经过生效判决确认赠与有效，该房产依法属于赵某母亲所有；房产 B 由于涉及赵某母亲的利益，且购房款中包含张某出资的款项，张某有权向赵某母亲主张这部分款项，但无法在离婚诉讼中处理。因此，在离婚诉讼中，双方之间需要处理的主要是赵某名下的房产 F。

考虑到下列因素，笔者认为双方尽快调解离婚，对赵某是最有利的，理由如下：

1. 房产 F 登记在赵某个人名下，由赵某居住，且首付款均来源于赵某婚前房产的出售款，房产 F 中只有婚姻关系存续期间的还贷本息 50 多万元依法属于夫妻共同财产。

2. 当时张某已经不再给付赵某款项，还贷均系赵某一方负责，如双方按照上述调解书调解离婚，不仅能尽快解除婚姻关系，而且离婚后偿还的房贷本息，均视为赵某以个人财产偿还，这部分还贷本息及对应的房产增值，张某将不能再主张；如继续诉讼离婚，那么张某就房产 F 可以主张的权益将随时间推移越来越多。

3. 张某要求房产 F 必须与房产 A、房产 B 一起处理，不同意在本案调解书中单独处理。而笔者方在房产 A 已经确认归赵某母亲所有，当然无法同意按照张某的要求一并处理房产。

4. 张某提供的银行明细显示其可供分割的收入并不多，且提出分割夫妻共同债务。若不经调解，赵某可能承担更多债务。

5. 调解离婚是最快解除婚姻关系的方式，赵某可以尽早从婚姻的失败与痛苦中解脱出来。

其实本案最终能调解结案，主要因为专业律师对案件事实及法律的掌控力，能够在案件繁杂的情况下梳理出对当事人最有利的路径，当然也结合张某的身份以及赵某手里掌握的张某日记。张某是大学教授，非常在意自己的名誉，内容不堪的日记是其心结，这也是张某愿意调解离婚的原因之一。所以，在办理离婚案件的过程中，不仅需要从法律上帮助当事人争取利益，也要结合各方的心理和迫切需求等谈判来制定诉讼策略和方案。

笔者提示，在当事人眼中看到的只是一个事实，但在律师眼里看到的是法律关系。所以，有任何涉及任何法律问题，请咨询专业的律师来解答才能事半功倍。

5. 钟某与张某等人涉及民间借贷纠纷案，为何发回重审？

□ 刘　通

【案情简介】

张某因经营需要，于2016年向钟某借款人民币15万元，约定年利率为13%，并由陈某和毛某为其提供了担保。后张某分别以现金及转账形式还款4万元人民币，剩余金额经钟某催促，张某一直以各种理由拒绝归还，钟某别无他法，委托刘通律师将张某、陈某、毛某作为共同被告，一并起诉至T市B区人民法院。一审判决支持了钟某6万余元的债权，对其余部分因张某辩称已还钱而未予支持，钟某提起上诉，最终，该案发回重审。

【判决结果】

一审判决被告张某于本判决生效之日起十日内偿还原告钟某借款本金及利息，陈某与毛某承担连带清偿责任，被告陈某、毛某承担保证责任后有权向被告张某追偿。

二审裁定撤销原判决，发回原法院重新审判。

【律师解读】

本案属于民间借贷纠纷案件，存在一定的风险，代理该案时与当事人签署了承诺书，当事人需要保证陈述的事实以及提供的证据材料属实，律师也会对每一笔的流水查证属实，确定每笔款项的去向、交付时间、地点、证人等。一审庭审过程中，张某对欠款事项未予否认，但其提出，剩余的11万元人民币中，有4万5千元已经归还钟某，一审法官询问该笔款项归还的时间及地点，张某称以现金形式在钟某车上归还，最终，一审法院认定双方存在民间借贷关系，对于张某主张的4万5千元现金已经归还的说法，法官予以认可，而担保人陈某、毛某的代理人提出的不知情因而不应承担连带责任的代理意见，法官并未采纳，最终判决三人连带偿还欠款6万5千元及利息。收到一审判决，钟某不甘心，找到律师提出张某在一审中作了虚假陈述，其根本没有归还4万5千元。律师与钟某仔细回忆了整个还款过程，并对庭审笔录中张某的陈述作了细细研究，结合相关证据，最终，律师向钟某提出可以上诉的意见，钟某同意，并委托律师向T市中级人民法院提出了上诉。

二审庭审过程中，律师提供了钟某与张某的聊天记录，发现张某所陈述的事实与一审所陈述的不一致，明显在说谎，不符合交易习惯，说明在一审中张某所陈述的已还4万5千元的事实属于虚假行为。2020年1月26日，该案在经过T市中级人民法院两次开庭询问后，作出裁定。裁定认为一审法院认定事实不清，证据不足，将该案发回重审。

近年来，我国因金融借贷平台引发的群体性事件层出不穷，故各地各层级法院开始重视民间借贷纠纷的审查及审理，避免存在虚假诉讼的情形出现。在这样的情况下，许多民间借贷纠纷都因为给付或还款证据不够充分，而致使许多人无法维护自己的合法权益。

在此，律师建议大家，作为债权人，借款给他人时，最好建议债务人立下借条、留下身份信息及说明借款用途，借条上利息与还款时间均要写清楚，给付款项最好选择转账，将转款事项写清楚尽量不选择要现金，这样一旦对方拒不还款,债权人才能更有力地主张自己的权利;同样,作为债务人,在还款时,最好也让债权人立下收条,也最好选择转账尽量不选择现金。

6. 从"某洋债"案看律师如何防范执业风险?

□ 徐稔璎

【案情简介】

2015年8月10日,某洋建设公司发布《公开发行2015年公司债券(第一期)募集说明书(面向合格投资者)》,之后某洋建设公司发布了《公开发行2015年公司债券(第二期)募集说明书(面向合格投资者)》。2015年8月17日和9月14日,某洋建设公司公布某洋建设公司债券发行结果,第一期债券证券简称"15某洋债"实际发行规模8亿元,最终票面利率7.84%;第二期债券证券简称"15某洋02",实际发行规模5.6亿元,最终票面利率为7.8%。在2016年4月27日,上海证券交易所曾就该公司在债券存续过程中存在募集资金使用管理不规范、募集资金专户管理不到位、未决诉讼披露不完整等违规行为对该公司通报批评。

两只公募公司债发行上市后,发行人某洋建设公司分别于2016年8月15日和9月12日按时兑付了两期债券在存续期第一年应当支付的利息。2017年5月,"15某洋债"和"15某洋02"的受托管理人某邦证券和评级机构某公国际先后发布公告称,发行人因涉及多起债务纠纷被列入全国法院失信被执行人名单,且发行人未能于2017年4月30日前披露2016年年度报告,某公国际随即调降了该公司的信用评级。按照部分证券持有人的要求,受托管理人某邦证券于2017年6月召开了债券持有人会议,要求发行人明确答复生产经营财务状况和偿债安排,履行偿债保障措施,同时要求发行人、实际控制人、相关关联公司为两只债券提供增信措施,并提供"15某洋债"募集资金使用情况和公布发行人自2015年以来被纳入全国法院失信被执行人名单的情况。

因信息披露问题,"15某洋债"和"15某洋02"曾被上海证券交易所停牌,后虽经债券持有人会议决议的要求复牌,但因为交易异常波动被多次临时停牌,期间受托管理人多次提示债券信用风险,评级机构亦多次调降发行人主体信用评级。2017年8月11日,某洋建设公司发布《关于收到中国证券监督管理委员会通知书的公告》,称"某洋债"从证监会决定立案调查起停牌。2017年8月14日,某邦证券发布公告称,因发行人某洋建设公司未能按照《募集说明书》的规定按时完成回售资金和付息资金的发放,"15某洋债"已构成实质违约,"15某洋债"的违约也构成"15某洋02"的交叉违约。债券违约后,某洋建设公司曾发布公告称,该公司将继续采取包括加快重资产处置进度、存量资产置换、应收账款催收和企业战略重组等一切可能的措施筹集偿债资金,以期尽早支付债券本金和利息,并承诺绝不逃废债。

由于债券本息迟迟不能兑付,"15某洋债"和"15某洋02"的投资人曾多次召开债券持有人会议,要求发行人安排还款计划并提供增信措施。2018年1月19日,某洋建设公司发布公告,其于2018年1月17日收到中国证监会的行政处罚告知书〔处罚字(2018)3号〕。2018年7月6日,中国证监会〔2018〕54号行政处罚决定书对某洋建设公司、陈某樟作出处罚。中国证监会发布公告称,已完成对某洋建设公司涉嫌欺诈发行公司债券、信息披露违法案的听证和复核程序,对某洋建设公司及20名相关责任人作出行政处罚及市场禁入决定。

2018年9月6日,某邦证券因在"某洋债"承销过程中涉嫌违反证券法律法规,被证监会立案调查。一部分"某洋债"投资者向杭州市中级人民法院提起诉讼,要求某洋建设公司返还债券本金和利息,并要求中介机构承担连带责任。

【判决结果】

中介机构上海市锦某城律师事务所（特殊普通合伙）就某洋建设集团股份有限公司对叶某芳、陈某威等原告的总计494,303,965.14元债务本息在5%范围内承担连带赔偿责任，对某洋建设集团股份有限公司对王某等人的246,870,287.25元债务、案件受理费以及原告支出的律师费110000元在5%范围内承担连带赔偿责任。

【律师解读】

"某洋债"案（本案）作为首例判决中介机构承担连带赔偿责任的案例，引起了广泛关注。鉴于律师执业的特点，该判决无疑会引起律师尤其是证券事务律师对自身执业风险的再评估和再认识。

通常情况下，律师在证券发行过程中的定位是中介服务机构的服务性质，主要起着联系发行人和投资者的纽带作用，可以为发行人和相关公司提供法律咨询、出具法律意见，也可以为投资者营造一个公开透明的投资环境。律师在证券发行业务中作为证券发行与上市的守门人之一，从法律角度维护资本市场有序正常运行，法定的律师职责所在同时就是律师执业的风险所在，根据《证券法》规定，律师应当勤勉尽责、恪尽职守，按照相关业务规则为证券的交易及相关活动提供服务，对所依据的文件资料内容的真实性、准确性、完整性进行核查和验证。律师违反法律法规和诚实信用原则，制作、出具的文件有虚假记载、误导性陈述或者重大遗漏，给他人造成损失的，应当与委托人承担连带赔偿责任，但是能够证明自己没有过错的除外。即律师在执业过程中不勤勉尽责、出具错误记录、与实际情况不符的陈述或者缺少相关信息记录的，将承担相应责任。因此，律师在提供法律服务和出具法律意见时，应保持严肃、谨慎的态度，确保相关公司的信息及相关业务受到严格把关，正确从事相应的业务活动。作为中介服务角色定位，律师应实际参与债券发行的筹备和讨论，经过严谨调查和审查，对发行的申报文件和公开声明发表法律意见，体现专业素质、发挥专业作用。同时，律师作为中介服务角色，如果被要求承担连带责任，导致所承担的责任过大，将会影响律师从事相关业务的积极性和主动性，会影响资本市场的健康有序发展。尽管本案还未经二审最终定论，但作为律师的从业风险，无疑应引起足够的重视。

根据《中华人民共和国证券法》《最高人民法院关于审理证券市场因虚假陈述引发的民事赔偿案件的若干规定》（以下简称《虚假陈述若干规定》）《全国法院审理债券纠纷案件座谈会纪要》（以下简称《债券会议纪要》）等法律法规及规范性文件的规定，律师在中介服务过程中的责任承担适用过错推定原则，但是关于具体适用标准并未明确规定。根据本案一审判决，一审法院认定律师对重大合同及所涉重大资产变化事项尽职调查不到位，未能发现占比较高的重大资产减少情况对某洋建设公司偿债能力带来的法律风险。因此，法院判定律师未尽到勤勉尽责义务，推定存在过错。过错推定原则给予律师自证没有过错的机会，律师通过妥善保存客户委托文件、核查和验证资料、工作底稿，以及与质量控制、内部管理、业务经营有关的信息和资料的方式，来证明自身作为法律专业人士尽到了注意义务，显得尤为重要。

笔者理解，一审法院基于律师未尽到注意义务，导致尽职调查不到位，进而未能履行法律法规规定的勤勉尽责的责任，基于过错推定原则从而判定律师承担连带责任。证券市场上的注意义务通常是指律师对委托人的忠实义务，强调律师为委托人保守秘密，履行尽责义务。司法实践中律师不履行注意义务体现在律师工作缺乏独立性，律师没有对服务对象的需要进行审查，相应的法律意见中没有律师对实际情况进行审查；律师工作执行业务标准不到位，没有严格按照业务规则进行所有必要的实际调查，没有从法律角度严格审核第三方的相关报告；律师工作懈怠，未秉持专业怀疑精神对服务对象提供的信息进行独立分析；律师的专业判断不合理。

因此，是否尽到了注意义务是存在一定标准的。如果律师的工作达到了以上标准，就不应随意断定律师未尽勤勉尽责义务并判定律师承担连带责任。如果律师违反了职责，没有尽到应尽的勤勉尽责的义务，从而使得发行人的发行申报工作走向了错误的方向或者发行人受到证券相关监管部门的处罚，律师应当承担相应赔偿责任。本案中，笔者根据公开披露的信息，不能推论出基于律师违反职责的原因导致的上述情形，某洋建设公司受到监管处罚也并非因律师引起。

根据《债券会议纪要》的相关规定，律师作为中介机构的注意义务和应负责任范围，应限于律师的工作范围和专业领域，区分特别注意义务和普通注意义务，分别确定律师是否应当承担法律责任。在本案中，"重大资产减少"的判断标准应不属于法律判断事项，不是律师的特别注意义务。作为普通注意义务，如果律师提示了相关内容，则不应将责任归咎于律师。

无论如何，律师在证券法律事务中的执业活动可能引起的自身风险还是应引起证券事务律师的高度重视，应尽力将风险控制或化解在具体法律服务过程中。

7. 房屋买卖过程中，被法院查封怎么维权？

□ 卢启华

【案情简介】

2019年3月5日，吴某通过房屋中介公司的介绍，与尹某、范某签订《房屋买卖合同》购买位于某市区的一套二手房。这套房子上有房贷和抵押登记，合同约定了房屋总价、解押日期、网签日期、交房日期等。合同签订后，吴某通过中介向尹某、范某夫妇支付了大部分购房款，拿到了房子的钥匙，历尽艰辛还清房贷，解除抵押后，吴某在办理房屋过户登记时却发现房屋上面存在多个被查封记录，无法办理过户，售房人尹某、范某欠下巨额债务，下落不明。

此时，吴某应该怎么做？是选择继续履行房屋买卖合同并要求办理过户，还是选择解除合同追究售房人的违约责任？吴某特委托笔者作为其代理律师处理本案，被查封的房屋属于履行不能，要办理过户必须先解除查封。笔者通过起诉前尽职调查，全面了解了案情，依据客观情况和法律规定，笔者认为第一步吴某可以通过提起案外人执行异议解除查封，第二步可以提起继续履行合同之诉要求办理过户，最后可以通过向法院申请强制执行办理房屋产权证书。如果吴某选择解除合同要求赔偿，根据售房人的经济状况，最终很有可能会导致钱房两空的不利后果。

如何才能解除查封办理过户呢？本案历经案外人执行异议一裁两审、解除5家法院的7个查封、提起继续履行合同之诉、向法院申请强制执行6个阶段。2021年3月，经过2年的诉讼后，吴某终于拿到了房屋产权证书。

【判决结果】

一、2019年5月29日，吴某向首封法院提起执行异议申请，请求法院解除对案涉房屋的查封，某区人民法院裁定驳回异议申请。

二、2019年6月20日，吴某向某区人民法院提起案外人执行异议之诉，请求法院解除查封，一审法院判决驳回原告的诉讼请求。

三、吴某对一审判决不服，向某市中级人民法院提起上诉，二审改判：不得执行案涉房屋，在吴某将房屋尾款扣除一审、二审诉讼费交付某区法院执行后解除对案涉房屋的查封。

四、向5家法院申请解除7个查封。

五、提起房屋买卖合同纠纷之诉，要求继续履行合同。

虽然房屋上面的查封已经全部解除，但因售房人尹某、范某下落不明不能配合吴某办理案涉房屋过户。所以，吴某向某开发区人民法院提起房屋买卖合同纠纷之诉，法院缺席判决案涉房屋买卖合同继续履行，尹某、范某配合吴某办理房屋过户手续。

六、房屋买卖合同纠纷之诉判决生效后，吴某向法院申请强制执行，办理房屋产权证书。

【律师解读】

一、案外人执行异议之诉一审，争议焦点有两个

1. 在首封法院查封之前吴某是否已合法占有案涉房屋，吴某对此负有举证责任。

因吴某结婚需要用房，售房人提前交房，但双方并没有办理正式的交房手续，只是交接了钥匙，而合同约定的交房日期是在首封日期之后。所以，吴某在房屋被查封之前到底有没有合法占有房屋，证据的收集尤为关键。通过小区保安的证人证言、吴某领取结婚证的日期、中介公司证明、房屋照片（被查封后），这些证据相互印证，一审法院采纳了笔者的观点，认定在首封法院查封之前吴某已合法占有案涉房屋。

2. 是否因吴某自身原因导致案涉房屋未办理过户登记

吴某购买的房屋存在抵押，售房人没有按照约定偿还贷款解除抵押，存在抵押权的房产是无法办理过户的。因此，案涉房屋未办理过户登记是售房人的原因导致，吴某并没有过错。但是，非常遗憾的是，一审法院没有采纳笔者的这一观点，而是认定吴某购买存在抵押的房产，对房屋没有过户存在过错，判决驳回吴某的诉讼请求。

二、案外人执行异议之诉二审惊心动魄

二审庭审时，合议庭维持原判的倾向性比较明显，庭审结束后，主审法官出于同情甚至帮吴某出主意。他认为在房屋交易过程中，中介存在过错，建议吴某另案起诉要求中介公司赔偿。此时法院作出的拍卖案涉房产的执行裁定就张贴在楼道里，这意味着二审一旦维持原判案涉房屋很快就会被拍卖，笔者相信每位律师都能体会到当事人所面临的压力。作为代理人没有退路，只能坚定信念，竭尽所能说服法官。庭后与主审法官多次沟通，向法庭提供了给合议庭的一封信、某省高级人民法院类案检索报告、代理词这些材料。经过精心准备并多次修改完善，最后，二审法院采纳了笔者的观点，认定吴某对房屋没有办理过户不存在过错，二审改判排除执行，解除查封。

在二手房买卖交易过程中，每一个环节都涉及很多专业性问题，稍有不慎，买家就可能遭受惨重的经济损失。本案委托人吴某在二手房交易过程中没有采取有效的措施防范交易风险，其在风险发生后找到笔者代理案件，属于事后的救济。律师提醒：任何事后的救济措施，都无法替代事前的风险防范。

8. 对恶意串通、无权处分的房屋买卖合同，法院如何判决？

□ 赵继云

【案情简介】

1985年，王某1与刘某登记结婚，婚后育有一女王某2。2006年，王某1从其父母处继承一处房屋（下称"案涉房屋"）并登记在自己名下。

婚后王某1与刘某常因琐事发生争执，夫妻感情逐渐恶化。女儿王某2结婚后，刘某与王某1分居，与女儿同住在案涉房屋中，并逐渐产生了独占案涉房屋的想法。2007年4月，刘某伪造王某1签名，将案涉房屋变更登记到了自己名下。

2015年，王某1与刘某的关系进一步恶化，婚姻关系无法继续维持下去，刘某欲与王某1解除婚姻关系。2015年5月7日，刘某向法院提起离婚诉讼，但因王某1不同意离婚，刘某于同年6月25日撤回起诉。六个月后，刘某再次向法院提起离婚诉讼，此时王某1才得知刘某未经过其同意，已于2015年4月17日与女儿签订了《存量房屋买卖合同》，并于2015年6月9日将案涉房屋变更登记到女儿名下。这也导致法院在此次离婚诉讼中未能对案涉房屋进行分割。

离婚后，因王某1所住房屋发生火灾，无法继续居住，王某1要求先回到案涉房屋居住，但均遭到刘某与王某2拒绝，最终在当地居委会的调解下，王某 1 才顺利搬回案涉房屋。同时，刘某与王某 2 搬出案涉房屋，王某 1 再无两人消息。因王某 2 拒绝赡养王某 1，2020 年，王某 1 联系到笔者团队，欲主张自己对案涉房屋的合法权益。

【判决结果】

一审判决确认刘某与王某 2 签订的关于案涉房屋的《存量房屋买卖合同》无效。

【律师解读】

在对案件事实进行分析后，笔者团队认为刘某与王某 2 对案涉房屋的处分，既符合恶意串通的要件，又符合无权处分的构成要件。那么本案应当采用哪种制度主张权利，首先应当理清上述两种制度的关系。若为法条竞合，那么根据"特别法优于一般法"之原则，只能适用特别法；若为制度竞合，以满足目的为限制，可择一适用。

一、刘某与王某 2 对案涉房屋的处分符合恶意串通的构成要件

《民法典》第一百五十四条规定："行为人与相对人恶意串通，损害他人合法权益的民事法律行为无效。"其中，恶意是指动机不良的故意，即明知行为会发生损害他人之结果而仍然积极实施。串通是指恶意损害他人权益方面，行为人与相对人在主观意思与客观行为上相互配合。本案中，王某 2 作为女儿，其明知案涉房屋为其父母共有，其母没有完全的处分权，且父母长期感情不和，母亲打算提起离婚诉讼，依然与母亲刘某签订《存量房屋买卖合同》，明显具有与其母亲恶意串通、转移夫妻共同财产的故意，侵害了王某 1 的财产权益。根据《民法典》第 154 条的规定，刘某与王某 2 签订的《存量房屋买卖合同》应属无效合同，王某 2 应将案涉房屋恢复登记在刘某名下。

二、刘某对案涉房屋的处分，符合无权处分的构成要件

根据《民法典》第 311 条的规定："无处分权人将不动产或者动产转让给受让人的，所有权人有权追回，除法律另有规定外。符合下列情形的，受让人取得该不动产或者动产的所有权：（一）受让人受让该不动产或者动产时是善意；（二）以合理的价格转让；（三）转让的不动产或者动产依照法律规定应当登记的已经登记，不需要登记的已经交付给受让人。"本案中，案涉房屋只登记在刘某的名下，但依然为夫妻共同财产，刘某未经共有人王某1的同意，擅自处分案涉房屋，符合无权处分的构成要件。本案中，王某2明知其母没有完全的处分权，为帮助其母达到恶意转移财产的目的，以27000元受让了案涉房屋，转让价格远低于市场价。因此，虽案涉房屋已变更登记到了王某2名下，但因其并非善意第三人，因此，王某2无法取得案涉房屋。王某1作为案涉房屋的共有人之一，有权向王某2主张返还案涉房屋。

三、《民法典》第154条关于恶意串通的法律规定与第311条、597条关于无权处分的法律规定，是特别法与一般法的关系，两者发生竞合时，应当适用恶意串通的相关规定

《民法典》第597条第1款规定："因出卖人未取得处分权致使标的物所有权不能转移的，买受人可以解除合同并请求出卖人承担违约责任。""解除合同"和"承担违约责任"均是针对有效合同，这说明《民法典》承认了无权处分合同的效力。但对于订立无权处分合同当事人的主观状态应当进行限制。若不论当事人是否恶意，一律肯定无权处分合同的效力，则极有可能颠覆原有的法律体系。若无权处分人与第三人之间构成恶意串通，依然肯定无权处分合同的效力，一方面，会使恶意串通制度被架空；另一方面，会增加道德风险，恶意第三人不仅没有受到惩罚，反而可根据有效的无权处分合同向无权处分人追究违约责任，显然与基本法律原则相悖，同时会产生对损害他人行为的激励效应，有损交易秩序和信赖预期。因此《民法典》第597条规定的无权处分合同有效的规则，应当排除无权处分人与第三人恶意串通的情形，即《民法典》第154条关于恶意串通的规定之于第597条属于特别法，两者发生法条竞合。故而，当无权处分人与相对人恶意串通损害真实权利人的合法权益时，无权处分就不再是一个"中性"概念，而是排除了善意取得适用空间的否定性评价，此时应当认定合同无效。

具体到本案，刘某为达到恶意转移夫妻共同财产的目的，与其女王某2串通，未经过王某1的同意，擅自将案涉房屋转移登记至王某2名下，这种情形虽不能直接以无权处分否认《存量房屋买卖合同》的效力，但却可以凭借刘某与王某2存在恶意串通损害第三人利益来认定合同无效，从而主张王某2将案涉房屋恢复登记至刘某名下，王某1作为案涉房屋的共有人再向法院请求分割案涉房屋。

综上，当买卖合同既涉及无权处分，又涉及恶意串通或者其他涉及合同效力的问题时，若不存在其他合同无效的情形时，则应肯定无权处分合同的效力，然后审查第三人是善意还是恶意，若第三人善意则可取得物权，若第三人非善意则不能取得物权，原权利人有权追回。但除无权处分外，还存在恶意串通等导致合同无效的情形时，则应当先确认合同无效，以合同无效主张第三人返还。

9. "最终解释权归本店所有"是否有效？

□ 张　鹏

【案情简介】

2020年6月，原告李某先后在被告某美容美发店支付25400元，购买70次养生疗程服务，被告为其办理了美容美发养生疗程卡，指定由被告员工许某服务。该卡背面以小字形式印有如下内容："1. 此卡仅限美容部疗程使用；2. 此卡根据公司相关会员优惠政策进行消费，不能与其他优惠同时进行；3. 此卡不退不换，消费时请出示此卡；……5. 此卡最终解释权归本店所有。"后因被告员工许某离职等原因，原告要求退款，因双方协商未果，故诉至法院。

【判决结果】

判决被告退还原告 23000 元。

【律师解读】

本案属于服务合同纠纷,争议焦点为会员卡背面的"此卡不退不换""此卡最终解释权归本店所有"等字样是否为有效约定条款,被告是否应退还原告费用。

一、"此卡不退不换""此卡最终解释权归本店所有"等字样是否为有效条款

格式条款是当事人为了重复使用而预先拟定,并在订立合同时未与对方协商的条款。根据《民法典》第496条第2款、497条的规定,采用格式条款订立合同的,提供格式条款的一方应当遵循公平原则确定当事人之间的权利义务,并采取合理的方式提示对方注意免除或者减轻其责任等与对方有重大利害关系的条款,提供格式条款的一方不合理地免除或者减轻其责任、加重对方责任、限制对方主要权利的,该格式条款无效。显然,本案被告会员卡背面的"此卡不退不换""此卡最终解释权归本店所有"等字样属于格式条款,系被告单方作出的不公平、不合理的规定,免除了其责任,限制了原告的权益,且其未采用合理的方式(如字体加大、加粗、加黑)提醒原告,根据上述规定,应属无效条款。

二、被告是否应退还原告未消费款项

根据《中华人民共和国消费者权益保护法》第9条规定,消费者享有自主选择商品或者服务的权利。消费者有权自主选择提供商品或者服务的经营者、自主选择商品品种或者服务方式、自主决定购买或者不购买任何一种商品、接受或者不接受任何一项服务。因此,在格式条款无效的情况下,原告有权要求解除双方的服务合同。故依照上述规定,法院最终判决被告返还原告未消费款项无误。

在现实生活中,有很多广告或者店堂告示都含有"最终解释权归本店所有"的内容。该条款不仅属于无效条款，而且根据《侵害消费者权益行为处罚办法》第 15 条的规定，经营者向消费者提供商品或者服务使用格式条款、通知、声明、店堂告示等的，含有规定经营者单方享有解释权或者最终解释权的，由市场监督管理部门责令改正，可以单处或者并处警告，违法所得三倍以下、但最高不超过三万元的罚款，没有违法所得的，处以一万元以下的罚款。因此，经营者规定上述内容，不但不会规避风险，相反还会面临行政处罚。

10. 退回商业预付卡内的服务费用，是否受法律保护？

□ 闫成祥

【案情简介】

2018 年 9 月 20 日，文某前往北京某殿健康管理服务有限公司（以下简称北京某殿公司）位于望京的某汇养生消费，向北京某殿公司支付 2000 元"梦幻迷情"服务费用后，北京某殿公司员工为文某办理了一张商业预付卡，并告知文某可以将费用存入卡中，消费时从卡中扣除。在北京某殿公司的宣传和强烈要求下，文某将 98000 元存入预付卡。后文某发现北京某殿公司存在虚假宣传的因素。文某多次预约消费未果，故文某不再去北京某殿公司消费，要求北京某殿公司退还款项。经过充分沟通，北京某殿公司同意退还，但在时间上推诿，故文某以自己为原告、北京某殿公司为被告向朝阳区法院提出："一、判令解除双方的服务合同关系；二、判令被告退还文某预存费用 98000 元；三、判令被告向文某支付占用期间的利息损失。"的诉请。

【判决结果】

一审判决，原告文某与被告北京某殿公司的服务合同关系自判决生效之日起解除；被告北京某殿公司于判决生效之日起7日内退还原告文某98000元；驳回文某的其他诉讼请求。

二审判决驳回上诉、维持原判。

【律师解读】

本案争议焦点：一、北京某殿公司与文某之间存在什么法律关系。二、文某是否有权解除双方之间的法律关系。三、合同解除后的法律后果如何确定。

一、关于北京某殿公司与文某之间的法律关系。首先，虽然文某签有《订购协议》，北京某殿公司主张双方存在产品购买关系，但该《订购协议》所载内容包括会员专享课程规则内容（专案课程、专属产品、高科技仪器处均为空白），且所附美容中心会员准则中亦载明接受服务过程中的义务，拒绝提供服务的事由、未定期接受服务的责任等内容。故从合同内容来看，双方之间的约定更加符合服务合同法律关系的特征。其次，北京某殿公司提出已向文某交付了套盒产品，其依据仅为《订购协议》中手写载明的"产品在顾客同意下开封且已使用，产品已出，概不退换，本人自愿留存"字样，但无任何证据证明存在标的物的实际交付行为，本案涉及标的10万元，北京某殿公司仅因上述字样就想说明已交付产品，明显与事实和常理不符。故北京某殿公司与文某之间构成由文某预付款项并接受服务、北京某殿公司提供服务的服务合同关系。

二、关于法律关系的解除。双方就合同的履行期限无明确约定，但此服务合同关系需要北京某殿公司在服务过程中提供技师服务，合同的履行需要文某同意并接受服务，具有人身专属性。现文某明确表示不再接受服务，此种合同标的不适于强制履行，文某请求法院解除服务合同的理由正当。

三、关于合同解除的法律后果。合同解除后，尚未履行的，终止履行，已经履行的，根据履行情况和合同性质，当事人可以要求恢复原状、采取其他补救措施，并有权要求赔偿损失。本案中，文某向北京某殿公司共支付10万元，后消费2000元，且再无证据证明北京某殿公司存在其他损失，故该款项扣除后应对文某已付款项98000元予以退还。

此等服务合同纠纷，在当下老百姓日常生活中屡见不鲜，大多数以健身卡、游泳卡、美容卡等形式呈现，老百姓或多或少都有接触。这种"预存式消费"在一定程序上为老百姓日常消费提供了方便，但也存在，办卡后健身房地址变更、离家距离变远、健身不方便、预交费用或办卡后服务主体跑路或中途变更服务技师等情况，给消费者造成不便或不快。另外，此等服务合同各式各样，很大程度上体现在"人身专属性"上。所以，老百姓在消费时一定分清消费类型，不可盲目交费。

11. 调解婚姻纠纷，如何为当事人争取6000万元？

□ 刘　敏

【案情简介】

许某（女方）与阳某（男方）均系二婚，男方与前妻育有一女，女方无其他子女。女方无论从形象、气质均可以与明星相媲美，男方也算是风险投资领域才子和电视网络中颇知名的投资专业人士。双方于2011年3月在北京市海淀区民政局登记结婚，婚后育有一女已8周岁，双方因其他原因于2013年6月协议离婚，2014年5月双方又复婚。2019年初女方发现男方与第三者生育一子，且婚外与多名异性有不正当关系，这对女方来讲简直是晴天霹雳。女方面对婚姻中的无力感，离婚困难重重，不仅共有财产的不明确，赠与小三的财物亦不明，男方还表示如离婚还有巨额债务。不仅如此，男方名下多家公司股权且多未实缴出资、房产有抵押，男方借其掌控资产的地位，对女儿的抚养权及探视安排有绝对优势的操控能力。双方经多次沟通，均无果，令女方深深地陷入绝望。2019年6月，女方通过朋友辗转找到盈科婚姻家事部门主任刘敏律师团队。

【处理结果】

撤诉，双方签订离婚协议方式达成速离，诉争房产归女方所有，并由男方向女方支付6000万，四年内支付完毕，已支付700万元，双方孩子的抚养权归女方，孩子抚养费每月4万元直到其大学毕业。

【律师解读】

在笔者全面了解女方与男方的个人资料、家庭结构、相处模式、案件背景等综合事实后，初步梳理案件证据。确定了：1.离婚方案；2.婚姻资产的线索及分配原则；3.子女抚养权、抚养费、探视安排；4.男方赠与小三的财物线索；5.家人安抚等问题。女方当即同意委托刘敏律师团队，委托一个月后，经过材料梳理，协助女方获得确定男方与第三者生子、赠与多位小三的财物、婚姻共同财产证据。与女方合议后确定方案如下：

1. 女方坚决要求离婚，速离是女方的第一要求。
2. 女方要孩子抚养权，并且尽量为孩子争取更大化利益。
3. 探视安排，孩子需心理辅导，不能影响孩子心理成长。
4. 决定依据案情进展，确定离婚后追索男方赠予多位小三财物的诉讼策略。
5. 分析双方现状，男方投资企业处于并非稳定的状态。
6. 争取家人的最大化支持等。

以特定的谈判顺序每次处理一个议题，以启动第一诉讼方案中的诉请为支点，来迫使男方真正交代实情进行谈判为第一目标。进程中，启动调查男方的公司运营情况及动向，男方投资一部电影并未明显获利后，暂缓调查静观其变。后又查实男方在外省的项目已经启动，随后，笔者团队率先起诉并保全了男方名下一套房产、七个省市三十家公司股权。随后团队逐一核实男方情况，并结合女方情况决定首轮最佳谈判时机，同时调整制定了整体谈判策略，并启动与男方谈判。经过 7 个多月的多轮谈判，男方基于公司股权被冻结的压力且影响了其商业融资渠道，同意签订部分婚内财产约定来满足女方以上要求。因被告的出轨及婚外生子等行为致使原告遭受了极大的伤害和精神折磨，最终，双方签订离婚协议方式，并撤诉。诉讼加谈判组合方案帮助女方省时间、诉讼费，使对女方的伤害最小化，并达到女方离婚所有的诉求。

12. 民间借贷案欠款 350 万元，原告为何撤诉？

□ 杨　飞

【案情简介】

2019 年 3 月 9 日，韩某与某银行签订《个人借款合同》，合同约定某银行向韩某提供借款人民币 350 万元，借期一年。自 2019 年 3 月 9 日至 2020 年 3 月 8 日，韩某用位于北京市某处的自有房产作为抵押。合同签订后，银行依约履行了借款义务并办理了房产抵押手续。借期届满，因为疫情等原因韩某没有如期还款。2020 年 4 月某银行将上述债权转让给青岛某投资公司，2020 年 12 月青岛某投资公司向法院起诉，要求韩某偿还上述借款。接到起诉材料韩某找到笔者。笔者在接受委托后，笔者仔细审查原告公司提交的证据，经研究，笔者认为债权人某银行并没有尽到通知义务，法院理应驳回原告诉讼请求。本案同一原告在开庭当天总计起诉 45 位债务人承担还款义务，开庭后，原告仅对笔者当事人一人撤回起诉。

【处理结果】

开庭审理后,原告对韩某撤回起诉。

【律师解读】

1. 借款事实是否发生?本案中韩某向某银行借款 350 万元,银行履行了借款义务并放款,可以认定借款事实已经发生,作为债务人应当履行还款义务,依据合同约定,韩某应当还款给某银行。

2. 本案中,谁应当是债权人?银行或投资公司?《民法典》实施前,依据《合同法》第八十条规定:债权人转让债权应通知债务人,未通知债务人的,该转让对债务人不发生效力。依据上述规定,本案中,在债权未转让之前银行应作为韩某债权人,债权转让之后,某投资公司应作为债权人。但此项债权应通知债务人后才对债务人产生法律效力。

3. 债权转让是否尽到通知义务?应该谁通知?法律没有规定,笔者认为依据本条规定承担通知义务的只能是债权人而不能是受让人。本案中,受让人开庭自述尽到了通知义务,并且向法院提交了案涉债权人即某银行也尽到了通知义务的证据:EMS 邮政特快专递。

4. EMS 邮政特快专递是否能够证明其尽到了通知义务?经过质证,笔者认为此证据不能证明债权人尽到通知义务。原告方提交的特快专递一组证据包括:①EMS 封皮;②债权转让通知书。依据封皮显示,本特快专递项下邮件重量为 60 克;债权转让通知书显示没有韩某签字确认,仅有一张纸的通知书。依据 A4 纸厂家确认一张 A4 的重量应为 4.3659 克,而 60 克至少为 13 张 A4 纸的重量,绝不可能为一张 A4 纸,即绝不可能是原告方提交的《债权转让通知书》,况且没有韩某的签字确认。据此,笔者认为此证据不能证明债权人及受让人尽到了通知义务。

笔者对此案感悟如下,每一个普通的案件都有成为典型案件的可能,每一个典型案件都是从普通案件中提炼出来的。因此,律师一定要怀着质疑的态度应对对方提供的任何证据。

13. 使用私刻的印章提起诉讼，是否具有法律效力？

□ 翁唐仁

【案情简介】

在黄某与江苏某建设工程公司（以下简称工程公司）建设施工合同纠纷一案中，实际施工人黄某委托笔者作为其代理律师，起诉工程公司支付工程款。一审判决支持了黄某的全部诉讼请求，为黄某争取了数百万元的工程款。工程公司不服提起上诉。

二审笔者继续接受委托，工程公司变更代理律师。二审庭审中，笔者在仔细核对工程公司当庭提交的大量证据时，发现工程公司二审代理律师在另案中是工程公司相对方的代理律师，而在本案中又是工程公司的代理律师。笔者团队对该细节高度重视，并且仔细查看后发现工程公司上诉状加盖的公章显示为"XXXX公司（4）"，与日常看到的在公安机关备案的公章显示"公司名称＋一串阿拉伯数字"的样式明显不同。为此，笔者团队当庭在保留利益冲突是否豁免意见的前提下，要求法庭核实对方出庭人员身份，核实一、二审委托手续的公章样式。

法庭调查发现，工程公司一审委托手续加盖的公章与公安机关备案的公章样式相同，而二审委托手续加盖的同上诉状一样的"XXXX公司（4）"的公章。法庭询问工程公司代理人，代理人提出"XXXX公司（4）"是总公司为了方便分公司业务开展而刻制的——言外之意，该公章未经备案，是工程公司私刻的印章。由此可知，工程公司的上诉材料及二审委托手续均是加盖私刻印章。

【判决结果】

二审判决驳回上诉,维持原判。

【律师解读】

工程领域为了便于项目开展,可能一个公司有数十个印章。用项目章签订各类施工合同及施工过程中的文件也是司空见惯。用项目章对外签署一般文件,一般会被认定为工程公司的真实意思表示。但用私刻印章提起诉讼的法律效力有待斟酌。

一、使用私刻的印章提起诉讼,是否具有法律效力?

在二审庭审中,笔者发现并确认工程公司在上诉状及二审委托手续中,加盖的印章系私刻印章后,笔者当庭向法庭提出:单位向法院出具的文书材料应依法加盖单位印章。工程公司上诉状及二审委托手续中使用的印章未经备案登记,工程公司庭审自认可知该印章系其私刻,用私刻印章呈交的上诉状及委托手续不能代表公司的真实意思表示,工程公司不具有诉讼主体资格,应裁定驳回其上诉。

关于印章的问题,虽然二审判决书以上诉状及二审委托手续中有加盖法人代表私章,且工程公司庭后也对不同印章予以书面说明为由,认定上诉行为是工程公司的真实意思表示。但笔者团队对于二审判决的该观点仍持保留态度:①呈交法庭的法定代表人身份证明中加盖的亦是未经备案的私刻印章,即便有法人代表的私章,仍无法改变私刻印章的法律问题;②即便工程公司庭后就二枚不同印章进行书面说明。但诉讼活动是极其严肃的司法活动,不像普通的民事活动,除非法律有明确的规定,否则不可以事后追认。工程公司加盖私刻印章提交上诉材料,即便其事后追认,也不应阻断上诉期已经届满的客观事实。

二、最高院判例认定当事人以私刻印章提起诉讼,其不具备诉讼主体资格

检索相关案例,在(2017)最高法民申 3714 号案件中,工程公司在起诉状中所用的公章与相关部门备案的公章不符,被人民法院裁定其不具备主体资格。工程方不服一、二审认定的其不具有诉讼主体资格,驳回其起诉的裁定结果,提起再审申请。就此,最高人民法院在裁定书中分析认为:"本案焦点问题是某公司是否具备诉讼主体资格。首先,某公司起诉状中使用的印章与其在工商部门备案登记的印章印迹明显不符,某公司自认该印章系其私自刻制,其行为违反了《印章管理办法》第五条"任何单位和个人不得非法制作、使用印章"以及第十三条"需要刻制印章的单位,只能申请刻制一枚单位法定名称章"的规定,不能证明该起诉系某公司的真实意思表示;其次,某公司提交法定代表人张某俊的情况说明,但张某俊的身份证明书及授权委托书上加盖的印章亦与备案公章不一致,不能证明该情况说明系张某俊本人出具;最后,某公司持续使用私刻印章,并不能证明私刻的印章已具备公司备案印章的效力。综上,某公司未使用其在工商部门备案登记的印章提起诉讼,起诉主体不适格,不符合《中华人民共和国民事诉讼法》第一百一十九条的规定。某公司的再审申请理由不能成立,本院不予采信"。

二审法院认为原判认定事实清楚,证据充分,适用法律正确,维持原判。在此,笔者觉得有必要提醒大家:为避免不必要的风险和麻烦,实施法律行为务必盖"真"章!

14. 祖父母要求行使对孙子女的探望权,能否得到支持?

□ 潘建华

【案情简介】

陈某与刘某系夫妻关系,陈某国与李某系陈某的父母、刘某的公婆。2015年6月,孙女陈某曦出生后,由陈某国与李某负责照料,并一直在一起生活。陈某与刘某夫妻在外打工。2018年10月，陈某因车祸不幸去世。事故发生后，刘某与陈某国、李某之间发生矛盾，刘某就带陈某曦回了娘家，不再让陈某国和李某二人探望孙女，因此发生争议。

刘某认为根据现行《民法典》婚姻家庭篇的相关规定，探望权只赋予离婚后的夫妻双方，作为未成年子女的父母享有看望子女的权利。而陈某国与李某作为祖父母，其要求行使探望权并没有法律依据，只会加重自己的负担，刘某没有义务协助二人实施探望行为。

法院认为，我国《民法典》虽然没有明确规定祖父母可以探望孙子女，但亦未明文禁止祖父母探望孙子女，本着法无明文规定既可以的原则，对于祖父母探望孙子女的诉讼请求不应一概否定，而应该结合具体的情况加以确认。探望权属于身份权范畴，父母作为子女的血亲自然拥有探望子女的权利，而祖父母作为孙子女的直系亲属，享有亲属关系上的权利义务，其探望孙子女的权利应来源于子女的亲权，在亲权无法实现的情况下，祖父母对孙子女的探望可以视为是对亲权的补充。陈某国与李某遭遇老年丧子，实属人生不幸，允许其探望孙女，可以抚慰老人的心灵，也使陈某曦从祖父母处得到关爱，有利于其成长。

【判决结果】

陈某国与李某从判决后开始，每月第一周、第三周的周六上午9时至下午17时探望陈某曦，刘某协助陈某国与李某行使探望权。

【律师解读】

根据《民法典》第1086条第1款"离婚后，不直接抚养子女的父或母，有探望子女的权利，另一方有协助的义务"。这是现行法律对于探望权的规定，将探望权的主体限定为"父或母"。

但在民事私法领域中，法无禁止皆自由。且对于法律条文尚未有明确规定的情况，应当遵循社会善良风俗、人伦常理、立法精神等因素作出判断和权衡。我国《民法典》虽没有直接规定父母以外其他近亲属的探望权，但探望权系亲权的延伸，祖父母或外祖父母与孙子女或外孙子女的亲权关系是基于特殊血缘关系而产生，不因孙子女或外孙子女的父母离异或过世而消除。

在我国的社会生活中，祖父母或外祖父母往往起着照顾、抚养孙子女或外孙子女的主要作用，对其探望权的保护是符合人之常情、符合法律精神的，与公序良俗、社会公德相符，这亦是对中华民族传统美德的继承与发扬。故在有利于未成年人健康成长、有利于亲属间感情融洽的基础上，应当支持祖父母、外祖父母对孙辈的合理探望。

15. 商标权利人签署商标许可协议后，注册并使用与之近似的商标违法吗？

□ 刘云佳

【案情简介】

2014年，第43类"餐馆"服务项目上"ABB"商标权利人耿某与张某签署《商标许可使用协议》，约定：1. 张某自签署协议后十年内可以使用"ABB"商标，张某向耿某支付商标许可使用费。2. 对于张某此前涉嫌侵犯耿某"ABB"商标权利的侵权使用行为，张某向耿某支付赔偿款。

协议签署同时，张某关联主体于第43类与"ABB"商标相同或类似服务项目上，申请注册了"明的ABB"商标，并在自身及关联公司店铺招牌、店内装潢、大众点评网宣传中以突出"ABB"、弱化"明的"的方式使用该商标。

耿某在发现并与张某协商无果后，委托笔者团队对该"明的ABB"商标提起无效宣告申请。

【处理结果】

国家知识产权局针对该商标作出的无效宣告裁定书，裁定诉争商标"明的ABB"商标宣告无效。而根据《商标法》关于"依照本法第四十四条、第四十五条的规定宣告无效的注册商标，由商标局予以公告，该注册商标专用权视为自始即不存在"的规定，该"明的ABB"商标自始不具有商标专用权。

【律师解读】

该案发生缘由在于张某及其关联主体在经营餐馆过程的招牌、装潢及宣传中使用了"明的ABB"标识，涉嫌构成对权利人耿某在先注册的"ABB"商标侵权行为。为妥善处理此纠纷，双方签订了《商标许可使用协议》对商标授权及涉嫌侵权事宜赔偿进行了约定。但张某及其关联主体事后并未遵守该协议，导致侵权行为的持续发生。为从根源上清除其使用与权利人商标近似标识的基础，笔者团队决定代其对注册在张某关联主体名义下的"明的ABB"商标提起无效宣告申请。

案件中，笔者团队除对诉争商标与权利人在先注册商标在标识本身上构成近似外，还着重提交了《商标许可使用协议》及张某关联主体通过实体店铺及网络平台不规范使用商标，达到与权利人注册商标混淆的使用证据材料，强调了张某关联主体对诉争商标注册的恶意与如维持该商标继续有效所实际造成的不良影响。

最终，国家知识产权局认为诉争商标与权利人在先商标共存，容易造成相关公众混淆误认，进而对诉争商标宣告无效。因此，张某及其关联主体自始对"明的ABB"商标不享有商标专用权。这也提示市场经营者即使与商标权利人达成商标使用许可，也不得超过授权范围恶意注册并使用与之近似的商标，有构成商标侵权的高度风险。

16. 工程停工，按进度支拨的居间费是否还需给付？

□ 林艺惠

【案情简介】

林某、黄某与江苏某建设工程公司（以下简称"工程公司"）签订工程居间协议，约定由林某、黄某作为居间人促成工程公司取得三明某工程的施工权，委托方按照工程总造价的1%计算居间报酬。后工程公司与业主方签署了施工合同，确定工程总造价约300,000,000元。工程公司承诺分三期支付居间报酬：第一期为施工项目主体结构建至四层封顶后十五天支付居间报酬60%；第二期付款时间为首期付款月的次月，付款金额为居间报酬的20%；第三期付款时间为第二期付款月的次月，付款金额为居间报酬的20%。林某、黄某后将居间报酬的权利转让给尤某。尤某、林某、黄某、工程公司共同签署协议书确定债权转让事宜。后工程在完成基坑工程后因故停工，工程公司与业主方解除施工合同的相关协议，并拒绝支付尤某受让的居间报酬。尤某委托翁唐仁、林艺惠律师起诉工程公司支付居间报酬280万元。

【判决结果】

一审判决工程公司应向尤某支付居间报酬280万元。工程公司不服，提起上诉。二审判决驳回上诉，维持原判。

【律师解读】

本案的争议焦点之一：工程停工，原约定的"（工程）主体结构建至四层封顶"不能实现，委托方是否还需支付居间报酬。一、二审中，工程

- 39 -

公司代理人均提出居间工程停工，且施工合同已解除，无需支付居间报酬；二审中另外提出即使应当支付，也仅应该按实际已完成工程造价的1%计付。

但本案居间人已促成施工合同成立，且施工合同已部分履行。因此，居间义务已履行完毕，居间报酬的付款条件已成就。《民法典》实施之前《合同法》第424条至第427条就居间合同进行规定，其中第426条明确规定："居间人促成合同成立后，委托人应当按照约定支付报酬。"《民法典》实施之后居间合同改名为中介合同，对应条款为《民法典》第961条至第965条。中介合同除了增加一条委托人绕开中介人的处理条款之外，其他规定与原居间合同一模一样。因此，不论依据此前合同法关于居间合同的规定，还是现行民法典中介合同的规定，委托方均应支付相应报酬。

至于"（工程）主体结构建至四层封顶"等仅是付款期限的约定，即什么时候支付的问题。

案涉项目在完成部分基坑支护工程后停工，工程公司自行解除了与业主方的施工合同，因此原约定的付款期限均成为不明确的时间概念，应属于履行期限约定不明的约定，而非判断付款条件是否成就的约定。履行期限约定不明，当事人有权依据《民法典》第511条第四款的规定："履行期限不明确的，债务人可以随时履行，债权人也可以随时请求履行，但是应当给对方必要的准备时间。"随时要求工程公司履行。一、二审法院正确适用法律支持居间人报酬请求，维护契约精神，值得点赞。

是否所有居间报酬约定均能得到支持？笔者团队认为，工程施工合同一般涉及金额较大，法院在审理中一般会对居间报酬的比例、居间人付出的努力、对合同成立的作用等进行调查。如果居间报酬约定明显偏高，也可能会以公平原则为由进行调整。

17. 声明放弃继承后，如何重获高额财产继承？

□ 刘　敏

【案情简介】

本案是一起共有纠纷案件，主要涉及一套时跨 70 年的上海老宅拆迁补偿款分配问题。老宅原系 1941 年吴某峰与第一任妻子结婚后购买，双方共育有 8 个子女。1948 年吴某峰第一任妻子去世。吴某峰与第二任妻子吴某吉再婚，婚后未生育子女，再婚时吴某峰的 8 个子女均未成年。1950 年大儿子吴某 1 因病去世，1986 年吴某峰去世。1990 年 5 月，7 个子女均同意将老宅的产权人由父亲吴某峰变更到继母吴某吉名下。1991 年 6 月，老宅登记在了继母和吴某 2、吴某 3、吴某 4、吴某 5、吴某 6、吴某 7、吴某 8 这 7 个子女名下，房产证上注有"该房产处理时按照继承法规定办理"。2003 年继母去世。2004 年二儿子吴某 2 去世。2015 年，老宅拆迁，吴某 2 等 7 个子女家庭分别派代表与拆迁公司签订了《房屋征收补偿协议》，选择货币补偿。2016 年拆迁公司将拆迁补偿款 1400 多万元存入小儿子吴某 8 名下的银行账户，由吴某 8 代为领取。随后 7 个子女家庭开始协商拆迁款分配方案，吴某 8 只同意给吴某 3 几十万元，期间吴某 3 去世，因各方未能协商一致，吴某 3 的妻子和一对儿女特委托笔者作为其代理律师向法院起诉，笔者通过吴某 3 提供的证据及客观情况和法律依据认为吴某 3 可获得近二百万元的款项。

在庭审过程中还有几个重要的情节，一是父亲吴某峰生前曾留下书面留言，里面提到老宅房屋使用分配、家具分配等相关内容；二是继母吴某吉生前曾召开家庭会议，在书面的《家庭会议决定》上手写"关于房屋等问题，应完全依照吴某峰书面留言分割办理，这也是我的愿望"，并签字；三是被告提出了吴某 3 曾于 1997 年 5 月书写声明，内容为"吴某 3 对父亲在沪遗产作自愿放弃。遗产按照父亲遗嘱处理"。那么这个放弃继承是否能放弃房产的继承呢?

【判决结果】

一审法院采纳了笔者关于父亲吴某峰生前书面留言和继母在《家庭会议决定》中的文字表述,不属于自书遗嘱的观点,最终以老宅房产证的登记情况,结合部分子女在老宅实际居住、且户口在老宅内等因素,按照法定继承,对部分在沪子女酌情多分了部分拆迁款,一审、二审均判决原告方应得补偿款近180万元。

【律师解读】

本案产生纠纷的主要原因是,在上海生活的几个子女均主张父亲已经通过生前书面留言将老宅的部分房间遗留给自己,继母也通过家庭会议明确老宅按照父亲书面留言分割办理,且父亲去世后这几个子女曾在老宅实际居住、部分子女及其家人的户口也在老宅,所以他们应当多分拆迁款,在外地的子女应当少分拆迁款。而本案笔者当事人吴某3作为居住外地子女,且吴某3生前曾留有书面声明表示放弃父亲吴某峰在沪遗产,为了给委托人最大程度地争取权益,笔者主要从以下三个方面向法官阐述了笔者方应当分得180万元的拆迁款。其一,父亲吴某峰生前的书面留言在形式上不符合自书遗嘱的法定形式要求,因此不属于遗嘱,不能据此认定老宅的所有权,进而来据此分割拆迁补偿款。另外,书面留言虽提及房屋在子女之间的分配问题,但表述的词语为"使用"、"分派"、"分给"等,这些用词仅是对老宅部分房间的使用权所做的处理,而非对房屋所有权的处分,且此留言的房产是属于吴某峰与前妻生活期间购买,该房产有去世前妻的份额;同理,继母吴某吉在《家庭会议决定》上的文字表述也不属于遗嘱。其二,继母和七个子女是父亲吴某峰的全部法定继承人,老宅登记在此8人名下,且房产证注明"该房产处理时按照继承法规定办理",说明所有继承人已经就遗产分割达成一致意见。因此,应按照法定继承认定7个子女所享有的老宅所有权份额,并据此分割拆迁补偿款。其三,吴某

3 书写声明时，吴某 3 已成为老宅登记的所有权人之一。老宅拆迁后，父亲的其他子女均与吴某 3 及其家人商议拆迁款分割方案，从未提及吴某 3 放弃继承房屋一事，进一步印证了吴某 3 并未放弃继承老宅。在吴某 3 声明中提到的"父亲在沪遗产"指的是父亲在生前留言中留给自己的家具，且写声明前吴某 3 曾前往上海本想将家具取回，后自愿放弃。

一个历经 70 多年风雨的房产分割问题，原本用极其简单的一纸遗嘱即可以解决，却耗时三年才得如所愿，在此建议名下有资产的当事人应及时订立有效遗嘱，避免身后事无法解决，且会导致亲人反目，劳民伤财。当然现在这样的案件还需客户同时签署监护协议才能更妥善规避意外。

18. 某公司申请人格权侵害禁令，判决为何驳回？

□ 张 颖

【案情简介】

业主蒙某购买了某房地产公司开发的房产，房屋尚未交付。2020 年 5 月 8 日，蒙某通过自己注册的自媒体公众号陆续发布 10 篇涉及某房地产公司的文章，文中出现了针对某房地产公司的过激性不文明用语。

2020 年 10 月，某房地产公司以蒙某侵害其名誉权为由向杭州互联网法院提起诉讼。诉讼中，上述 10 篇文章被自媒体平台删除，之后蒙某又通过该公众号发布多篇文章，主要内容是对其购房遭遇的描述和对房产质量的主观感受，其中包含一些情绪化用语。

2021 年 1 月 4 日，某房地产公司向杭州互联网法院申请人格权侵害禁令，请求禁止蒙某在某自媒体平台发布或者重复发布侵害该公司名誉权的文章、言论。

【判决结果】

驳回申请人某房地产公司的申请。

【律师解读】

本案是《民法典》实施后的"人格权侵害禁止令第一案",审判实践中并无先例可循,故审理本案时需要明确的问题是:

房地产公司的申请是否满足《民法典》第九百九十七条规定的条件?

针对实体问题,笔者认为根据《中华人民共和国民法典》第九百九十七条规定的内容:"民事主体有证据证明行为人正在实施或者即将实施侵害其人格权的违法行为,不及时制止将使其合法权益受到难以弥补的损害。"分析申请人格权侵害禁止令应当综合考量是否满足以下要素。

一、申请人请求保护的权利是否属于其依法享有的人格权。换言之,即本案中的房地产公司是否依法享有其请求保护的该项人格权权利

根据《民法典》第一百一十条第二款规定:"法人、非法人组织享有名称权、名誉权和荣誉权。"以及第一千零二十四条规定:"民事主体享有名誉权。任何组织或者个人不得以侮辱、诽谤等方式侵害他人的名誉权。名誉是对民事主体的品德、声望、才能、信用等的社会评价。"本案中,申请人房地产公司属于法人,根据上述法律规定,法人依法享有名誉权。而名誉权又属于《民法典》第九百九十条第一款规定的人格权的一种,故而该房地产公司请求保护的名誉权,确属于其依法享有的权利。所以,房地产公司依据相关证据并结合网络传播速度快、受众广等特点,分析蒙某发布的言论可能会给公司带来不利影响,对导致公司的社会评价降低或即将侵害其法人名誉权的行为所提出的申请,属于正常合法行使《民法典》赋予其的人格请求权。

二、要有证据证明被申请人的行为一直属于持续状态,并存在法益侵犯的较大可能性

即申请人要证明其所谓的侵害其人格权的行为一直存在,并且该行为具有侵害其主张的人格权的较大可能性，两个条件应当同时满足。对于如何证明具有侵害人格权的较大可能，应当综合考虑双方属于何种法律关系，侵害行为的性质、目的、方式等因素。

本案中，蒙某在诉讼期间虽被自媒体平台删除了发布的涉案文章，但其又通过公众号发布多篇对房地产商带有偏激字眼的文章，且明确表示开发商若无法满足其要求，仍会继续发布文章。法院据此认定蒙某存在持续发布涉及房地产商文章的行为，但不存在法益侵犯的较大可能性。

因此，蒙某在不具有前述侵害房地产公司名誉权较大可能性的情况下，作出禁令将严重限制蒙某作为消费者对产品或者服务进行合理评价的权利，从而导致双方之间的利益失衡。且住房是与百姓生活密切相关的民生问题，禁令内容可能会阻碍购房者基于维权目的发布的言论。因此，应当慎重审查作出的禁令带来的社会影响，禁令是否会产生房地产公司利用人格权侵害禁令来阻止购房者发布相关言论的不良示范的影响效应，进一步造成损害社会公共利益的可能性。

综上，虽然房地产公司有权依据《民法典》提出人格权侵害禁令申请，但蒙某并不具有侵害其名誉权的较大可能性，不及时制止其行为也不会给房地产公司造成难以弥补的损害，并且作出禁令还可能会造成当事人利益的失衡，也可能给社会公共利益带来不利影响。因此，某房地产公司的禁令申请不符合法律规定作出禁令的条件。

19. 抵押合同中约定的流押条款，是否有效？

□ 李 韬

【案情简介】

余某从孙某处借款800万元用于创办某股份有限公司，并将其位于北京市某小区的高档住宅抵押给孙某并办理了抵押登记手续，借款期限为5

年。双方签订了一份书面抵押合同,该抵押合同第6条约定"如余某未按期还款,房屋所有权直接归孙某所有"。后因余某公司经营不善,其未在约定期限内偿还该笔借款,经孙某多次催告仍未履行还款义务,孙某遂将余某诉至法院,请求按合同第6条约定,将房屋所有权转移到孙某名下。

【判决结果】

判决驳回孙某的诉讼请求。

【律师解读】

本案经法院审理,认定抵押合同中第六条即流押条款无效。

流押条款,是指当事人在合同中约定,一旦债务人到期不履行债务,债权人(抵押权人)有权直接取得抵押财产所有权。关于是否禁止流押条款,一直都存在争议。从司法实践来看,与流押条款密切相关的是让与担保。让与担保是指债务人或者第三人以担保债务履行为目的,将担保标的物的权利预先转移给债权人,由双方约定在债务清偿后,将担保标的物返还给债务人或者第三人。在债务不履行时,债权人就该担保标的物优先受偿的一种担保方式。

流押条款没有直接将标的物转移给债权人,而是约定到期未清偿债务,标的物直接归债权人所有;而让与担保虽然已经转移了标的物的所有权,但如果债务人归还了欠款,则需要将标的物转移回给债务人。其实这里两个最主要的区别,就是到期未清偿债务担保财产的处理方式不同。让与担保标的物的所有权虽然已经转移给债权人,但债权人尚未确定取得标的物的所有权,当债务人不履行债务时,债权人具有清算的义务,变卖标的物或协议估价,以其价金受偿或标的物抵偿。在标的物的价金超过担保债权额时,就超过部分负有返还义务。而在流押条款中,债权人当然的取得标的物的所有权,没有清算义务。

《民法典》第401条明确规定:"抵押权人在债务履行期限届满前,与抵押人约定债务人不履行到期债务时抵押财产归债权人所有的,只能依法就抵押财产优先受偿。"该条款虽未直接规定流押条款的效力,但从该条文本身表述来看,流押条款是被禁止的。首先,从债务人角度,债务人通常在急需资金的情况下,以其价值较高的抵押物担保相对较小债权。因此,与债务人订立的流押条款,会损害债务人的利益。其次,从债权人的角度,抵押权设定后,抵押物价值下降,低于所担保的债权,对债权人也是不公平的;最后,在抵押人没有足够的财产来满足其他债权人的债权时,抵押人可能会与抵押权人恶意串通,通过签订流押条款这种方式,来逃避对其他债权人的债务。因此,禁止流押条款的目的,既是为保护抵押人的利益,也是为保护债权人的利益,体现了民法的公平、等价有偿的原则。

20. "背户车"买卖合同是否有效?

□ 张　鹏

【案情简介】

2020年2月27日,施某通过手机银行向付某转账23.5万元,银行转账附言记载"2017年别克GL8车款",后付某将涉案车辆及机动车行驶证、机动车登记证书、委托书、背户转让协议交付给施某。其中,行驶证及机动车登记证记载,机动车所有人为许某,登记日期2017年4月6日。

2020年3月27日,涉案车辆被车主许某开走,施某以车辆丢失为由报警。2020年4月6日,派出所民警告知施某涉案车辆存在权属纠纷,系原车主许某委托张某将涉案车辆出租,但张某却将车辆以30万元的价格卖给了案外人彭某,后彭某又转卖给付某,该车辆现在车主许某处。双方因此产生纠纷,施某将付某诉至法院,要求付某返还购车款23.5万元。

【判决结果】

自本判决生效之日起十日内,付某返还施某购车款 23.5 万元。

【律师解读】

所谓"背户车"即无法过户的车辆,本案即是因京牌"背户车"买卖产生的纠纷。本案中,施某向付某支付购买车辆价款,付某向施某交付涉案车辆,双方形成买卖合同关系,并签订背户转让协议。但该背户转让协议为无效合同,双方买卖行为不受法律保护。

本案发生于 2020 年,彼时《民法典》尚未生效。因此,根据原《合同法》第 52 条的规定,违反法律、行政法规的强制性规定,合同无效。另根据《北京市小客车数量调控暂行规定》第 3 条和第 6 条的规定:小客车配置指标按照公开、公平、公正的原则,以摇号方式无偿分配;指标有效期为 6 个月,不得转让。《北京市小客车数量调控暂行规定》实施细则第 31 条:小客车指标确认通知书仅限指标所有人使用。施某与付某买卖涉案车辆的行为,明显违反上述规定,扰乱了北京市对于小客车配置指标调控管理的公共秩序,损害了社会公共利益,合同应属无效。根据相关规定,合同无效后,因该合同取得的财产,应当予以返还;不能返还或者没有必要返还的,应当折价补偿。故法院判决付某返还施某购车款 23.5 万元并无不当。

目前依然有不少人选择背户买京牌,但该行为风险巨大。首先,买卖双方协议无效,买方使用该车辆不受法律保护;其次,因背户车仍登记在原车主名下,如该车主成为被执行人,法院执行登记在该车主名下的车辆,即便买方提出执行异议,法院也无法支持;最后,买方可通过买卖协议无效要求卖方返还购车款,但如果卖方无力返还,买方就会面临钱车两空的风险。

21. 男子意外去世后，共同生活的女友能否获得保险金？

□ 赵庆雨

【案情简介】

史某军与王某英原系夫妻关系，双方育有两名子女，分别为女儿史某1、儿子史某2。2016年3月，史某军与王某英协议离婚，双方约定女儿史某1、儿子史某2由王某英抚养。离婚后，史某军经人介绍结识了祝某某，二人逐渐发展成为恋人关系并共同生活在一起，但双方一直未领取结婚证书。

2017年6月，史某军在某人寿保险公司为自己投保了一份长期意外伤害保险，保险金额10万元。在签订保险合同时，史某军在投保单"身故保险金受益人"一栏内填写的是"配偶祝某某"，同时填写的还有祝某某的身份证号。史某军支付保险费后，保险公司向其签发了保险单，双方形成人身保险合同关系。

2018年12月，史某军在上楼梯过程中突然摔倒并导致头部严重受伤，后经医院抢救无效死亡。史某军身故后，王某英代表两个子女史某1、史某2向保险公司申请保险理赔，要求保险公司向史某1、史某2给付史某军的身故保险金10万元。后因双方无法达成一致意见，史某1、史某2将保险公司诉至人民法院，请求法院判令保险公司向其支付保险金10万元。笔者作为保险公司的代理律师参加此案审理过程。

在庭审过程中，史某1、史某2的法定代理人认为：史某军因意外原因导致身故，保险公司应当承担保险责任；虽然保险单中记载的身故保险金受益人为"祝某某"，但祝某某和史某军并不是夫妻关系，双方没有保险利益，该受益人的指定违反公序良俗原则，应属无效，本案应属于没有指定受益人的情形；史某军去世后的身故保险金应由其法定继承人享有。保险公司认为：史某军因意外原因去世，符合保险公司给付保险金的条件；保单中指定"祝某某"为身故保险金受益人，该指定行为有效，保险公司应向祝某某支付保险金；史某1、史某2不是保险合同中的身故保险金受益人，无权要求保险公司给付保险金。

那么，本案中的身故保险金10万元应归谁享有呢？

【处理结果】

原告撤回起诉。

【律师解读】

1. 本案中，史某军指定祝某某为身故保险金受益人，不违反我国《保险法》及相关司法解释的规定，祝某某依法应为本案保险合同的身故保险金受益人。

我国《保险法》第39条规定："人身保险的受益人由被保险人或投保人指定。投保人指定受益人时须经被保险人同意。投保人为与其有劳动关系的劳动者投保人身保险，不得指定被保险人及其近亲属以外的人为受益人。被保险人为无民事行为能力人或者限制民事行为能力人的，可以由其监护人指定受益人。"根据该规定可知：（1）被保险人享有对指定受益人的权利，除了法律规定的"无民事行为能力和限制民事行为能力的人"，被保险人对受益人的指定享有决定权；（2）除"投保人为与其有劳动关系的劳动者投保人身保险，不得指定被保险人及其近亲属以外的人为受益人"外，我国《保险法》并未对受益人的身份及范围进行限制，无论受益人与被保险人是否为亲属关系，就算是普通朋友关系在法律上也是可行的。因此，本案中被保险人史某军指定祝某某为身故保险金的受益人不违反法律规定，且生前并未进行任何变更，祝某某应为本案保险合同中合法的受益人。

2. 史某军指定祝某某为身故受益人是其真实意思表示，应尊重被保险人的真实意愿。

本案中史某军指定祝某某为受益人的意图非常明确，没有使用模糊语言，应为其真实的意思表示和情感意愿。史某军作为完全民事行为能力人，他在签订保险合同时一定知道他与祝某某从来没有领过结婚证的事实，他指定的受益人是祝某某这个人，而不在意受益人的身份关系是否为真实的配偶。换句话说，史某军在指定受益人时没有在意配偶这个身份，而是在意祝某某这个人。

3. 本案不适用《最高人民法院关于适用＜中华人民共和国保险法＞若干问题的解释（三）》（以下简称《解释三》）第九条的规定，不应认定为未指定受益人。

《解释三》第 9 条第 2 款规定："当事人对保险合同约定的受益人存在争议，除投保人、被保险人在保险合同之外另有约定外，按以下情形分别处理：……（三）约定的受益人包括姓名和身份关系，保险事故发生时身份关系发生变化的，认定为未指定受益人。"具体到本案中，保险合同签订时被保险人史某军和受益人祝某某不属于夫妻关系；史某军发生保险事故时，他们之间仍不是夫妻关系。上述法律规定适用的前提条件是"保险事故发生时，受益人的身份关系发生了变化"，而本案中，祝某某从保险合同订立到保险事故发生，其身份一直都不是史某军的配偶，其非配偶的身份关系并没有发生改变，故本案不存在适用上述司法解释的前提条件，不能认定投保人在本案保险合同中未指定受益人。

4. 人身保险合同中，只有受益人才是享有保险金请求权的人。

本案中，史某1、史某2虽为被保险人史某军的子女，但不是保险合同中被指定的身故保险金受益人，故其无权要求保险公司支付身故保险金。如果祝某某事后向保险公司申请理赔，保险公司应向其给付 10 万元保险金。

22. 有借据、银行打款流水，法院为何驳回原告方诉讼请求？

□ 王 旭

【案情简介】

2017年10月27日，被告张某因故需要向原告田某"借款"800万元，原、被告签订《借条》，保证人（即本案第三人）唐某在保证人处签字。当日，原告便向被告汇去全部款项，履行全部出借义务。后原告根据借据和银行流水起诉被告和保证人，要求被告偿还借款，保证人承担连带责任。

本案实际情况为：田某和保证人唐某（即本案第三人）实际为民间借贷关系，田某是债务人，唐某为债权人。田某在还款时，为了让债权人唐某（即本案的保证人、第三人）顺利解封田某名下财产的目的（担心直接还款给唐某后，唐某不配合解封），田某让唐某找其朋友张某给出具了一个借条，以保证在其还款后顺利解封。田某的初衷是：若田某还款后，唐某不配合解封，田某就拿着该借条去起诉唐某和张某，基于这个目的就出现第一段中的借条。田某"出借"款项给张某后，张某马上转款给了唐某，唐某到法院完成了解封手续，田某把"借条"原件还给了张某。

【判决结果】

驳回原告田某全部诉讼请求。

【律师解读】

笔者作为被告方代理律师，在诉讼策略中坚持一个原则：还原整个案件事实，借据不能达到"高度盖然性"。

根据《最高人民法院关于审理民间借贷案件适用法律若干问题的规定》第十五条：原告仅依据借据、收据、欠条等债权凭证提起民间借贷诉讼，被告抗辩已经偿还借款的，被告应当对其主张提供证据证明。被告提供相应证据证明其主张后，原告仍应就借贷关系的存续承担举证责任。

被告抗辩借贷行为尚未实际发生并能作出合理说明的，人民法院应当结合借贷金额、款项交付、当事人的经济能力、当地或者当事人之间的交易方式、交易习惯、当事人财产变动情况以及证人证言等事实和因素，综合判断查证借贷事实是否发生。

第十八条规定，人民法院审理民间借贷纠纷案件时发现下列情形之一的：（一）出借人明显不具备出借能力；（二）出借人起诉所依据的事实和理由明显不符合常理……应当严格审查借贷发生的原因、时间、地点、款项来源、交付方式、款项流向以及借贷双方的关系、经济状况等事实，综合判断是否属于虚假民事诉讼。

本案有众多不符合常理的地方：1. 原被告在发生出借款项之前本不认识，突然之间发生了一笔800万的借款；2. 借款方在庭审时候说不清楚借款用途；3. 该笔交易未有抵押、质押等风控措施，只有第三人的一个担保（该第三方实际为原告方的债权人，被告方是代第三人收款）；4. 该笔大额借款在借据中竟然没有约定利息、借款期限、还款时间、违约金等基本要素；5. 原告在出借的期间，在中国执行信息公开网的被执行信息20条，失信被执行人信息6条；6. 原告方没有借据原件，原件在被告处。

原告方经济能力明显不足。首先，在被多次执行和失信的情况下，竟然借款给一个被告（陌生人，在出借之前双方并不认识）且无需支付利息，仅此一点就不符合交易习惯、交易方式；其次，从资金流向及双方关系可以清晰地看到，该笔所谓的"借款"其实只是一种代为收款代为付款的行为，被告收款后，第一时间转款给保证人；再次，大额的借款只有一张寥寥数语二三十个字的借据，一般借款所应该具备的基本条款（主体信息、借款用途、双方权利义务、还款时间、借款利率、违约责任等）其基本上都没有做出约定，不符合交易习惯和生活常识；最后，作为保障债权人利益的借据原件，原告方债权人竟然没有原件，明显不符合逻辑。

23. 商品名称中包含他人注册商标，是否构成侵权？

□ 董园园

【案情简介】

"伴你学"商标于2005年11月14日被核准注册，核定商品类别为第16类印刷品、书籍、印刷出版物等，该商标仍在有效期内，山东某出版社有限公司（以下简称"山东某出版社"）依法享有该注册商标专用权。

北京某出版社有限公司（以下简称北京某出版社）、北京某音像出版社有限公司（以下简称北京某音像出版社）在其出版发行的图书和光盘中使用"思维导图伴你学"，某时代（武汉）软件有限公司（以下简称某时代公司）销售上述涉案图书。

山东某出版社认为北京某出版社、北京某音像出版社在其出版发行的图书和光盘中使用"伴你学"字样，侵犯其注册商标专用权。某时代公司销售涉案图书，亦构成侵犯商标权的行为。故将上述三家单位诉至北京市某区人民法院。

一审法院认为北京某出版社、北京某音像出版社涉案使用"伴你学"的行为属于商标意义上的使用行为，被诉图书与涉案商标核定商品构成同种商品，与涉案商标构成近似商标，故判决：1. 上述三公司立即停止侵犯山东某出版社涉案商标专用权的行为；2. 北京某出版社、北京某音像出版社赔偿山东某出版社经济损失20000元及合理开支1068元；3. 某时代公司赔偿山东某出版社经济损失10000元；4. 驳回山东某出版社的其他诉讼请求。上述三家单位均不服一审判决，向北京知识产权法院提起上诉。

【判决结果】

二审法院经审理判决：1. 撤销一审法院作出的民事判决；2. 驳回山

东某出版社的诉讼请求。

【律师解读】

商标的使用是指将商标用于商品、商品包装或者容器以及商品交易文书上以及其他商业活动中，用于识别商品来源的行为。

本案中，将"伴你学"用于书籍等商品上，一般阅读者将其理解为陪伴学习，且本案被控侵权图书的主要消费群体为中学生，与该商品的功能、用途相符，属于图书功能性描述使用，非商标性使用。

涉案商标"伴你学"未达到较强显著性程度。山东某出版社虽于2005年11月14日就已被核准注册涉案商标，但并未规范使用，也未提供证据证明其与涉案商标建立稳固联系，且涉案商标知名度不高。因此，上诉人的上述涉案侵权行为并非攀附涉案商标知名度。

涉案被控侵权图书上使用"伴你学"的行为并不会造成市场混淆。由于对相关教辅书籍以"伴你学"进行图书命名的情形已广泛存在，结合消费者选择此类图书的习惯，上诉人在涉案图书上使用"伴你学"文字不会造成市场混淆。

综上，二审法院综合涉案注册商标知名度、文化消费品市场客观情况等因素认定北京某出版社、北京某音像出版社在涉案被控侵权图书中使用"伴你学"的行为不构成对涉案注册商标的侵权行为。

24. 遗赠扶养人能否成为赔偿权利人？

□ 刘会民

【案情简介】

何某甲生于1948年2月19日，无配偶、父母、子女及其他近亲属。何某乙系何某甲的侄子，二人于2001年6月23日签订遗赠扶养协议，协议约定："1. 扶养人何某乙照顾被扶养人何某甲的生活、经济供养、生活照料及保证吃饱、吃好。2. 生病应及时给予医治，并负责生活照料与护理。3. 被扶养人何某甲在死亡后，其一切财产归扶养人何某乙所有。"该协议经公证处公证。2020年2月5日，肖某驾驶小型汽车，沿S227省道自西向东行驶时，与前方同向骑自行车的何某甲发生交通事故，致何某甲受伤。事故经公安局交警队认定：肖某负主要责任、何某甲负次要责任。事故发生后，何某甲被送往医院救治，住院2天，支付医院费医疗费19830.56元，经医治无效后死亡。何某乙以赔偿权利人向法院起诉。

【判决结果】

判决保险公司在交强险限额内赔偿何某乙各项损失120000元。

【律师解读】

本案，经法院审理后认为，从维护老年人权益的立法宗旨规定及从公序良俗出发，何某乙作为遗赠扶养协议的扶养人，已按协议尽了生养死葬的义务，且在死者何某甲无配偶、父母、子女及其他近亲属的情况下，应赋予何某乙赔偿权利人的资格，其作为原告主张死亡赔偿金、精神抚慰金的理由成立，予以支持。

遗赠扶养协议是指遗赠人与扶养人之间签订的，关于扶养人承担对遗赠人生养死葬义务、遗赠人的财产在其死亡后转移给被扶养人所有的协议。在该协议中，需要他人扶养并自愿将自己全部或者部分财产遗赠给扶养人的为被扶养人，为遗赠人尽了生养死葬义务并接受遗赠人财产的人为扶养人。《民法典》第一千一百八十一条规定，被侵权人死亡的，其近亲属有权请求侵权人承担侵权责任。在被扶养人因交通事故死亡后，扶养人并不是法律所规定的死亡受害人的"近亲属"，从这来看扶养人似乎不具有权利人资格。但从立法精神上看，法律之所以规定请求权利主体为"近亲属"，主要是因为被侵权人一般与其共同生活、来往密切、感情较深，被侵权人的死亡极易对他们的身心造成巨大损害，精神抚慰金、死亡赔偿金等财产权益的设定在一定程度上给予他们补偿。故从立法精神上讲，扶养人应作为赔偿权利人可以请求赔偿。

《民法典》第一千一百二十三条规定："继承开始后，按照法定继承办理；有遗嘱的，按照遗嘱继承或者遗赠办理；有遗赠扶养协议的，按照协议办理。"因此，遗赠扶养协议的法律效力高于其他遗产继承方式的效力。在财产继承中如果各种继承方式并存，应首先执行遗赠扶养协议，其次是遗嘱和遗赠，最后才是法定继承。在扶养人尽了生养死葬义务的情况下，只有穷尽处理遗赠扶养协议约定的财产后，方可进行遗嘱继承或者法定继承。

遗赠扶养协议制度是一种符合我国国情的继承制度，在现实生活中仍具有重要意义。在实践中，遗赠扶养协议的被扶养人有两种，一是无近亲属；二是有近亲属，但近亲属拒绝扶养，老年人通过与法定继承人以外的自然人或者集体签订遗赠扶养协议，以保障其晚年基本生活需求，确定了对老年人的扶养义务，体现了尊老、敬老的公序良俗和优良传统。

25. 父母双方离婚，如何争取婚生子女抚养权？

□ 张 颖

【案情简介】

吴某与柯某婚后育有一女B，后因双方性格不合、常发生矛盾、分居等情况，致使夫妻感情彻底破裂，提起离婚诉讼。经查吴某在某服饰公司就职，月薪5000元左右；柯某从事外卖骑手工作，收入不稳定。二人名下均无房产，且婚后无夫妻共同财产、债权债务及积蓄，双方婚生女B已年满3周岁，未满18周岁，双方依法均有抚养的权利和义务，且双方对于婚生女B均主张由其抚养。

一审期间，柯某表示如果婚生女B由其抚养，不需要吴某承担抚养费用，且吴某一直没让孩子上幼儿园,吴某平常的言行对孩子成长产生了不利影响。

【判决结果】

一审法院判决,准许吴某与柯某离婚;双方婚生女B由柯某抚养成人,吴某享有探视权且不承担该婚生女B抚养费用,柯某有协助吴某探望婚生女B的义务。后吴某上诉。

二审期间,吴某提交工作证明,证明其已经辞去外地工作,回本地上班,有稳定的工资收入来抚养孩子;提交幼儿园学费收据、小孩上幼儿园照片和接送卡,证明小孩就近入园的事实。二审法院最终判决婚生女B由吴某抚养至成年,吴某对柯某享有的子女探视权负有协助义务,吴某抚养婚生女B期间,柯某每月向婚生女B支付抚养费1000元。

【律师解读】

本案二审期间,吴某提交工作证明,证明其已经辞去外地工作,回本地上班,有稳定的工资收入来抚养孩子;提交幼儿园学费收据、小孩上幼儿园照片和接送卡,证明小孩就近入园的事实,二审法院得以改判。

对于吴某和柯某的婚姻关系问题,根据《民法典》第1079条对于诉讼离婚的相关规定,人民法院审理离婚案件,应当进行调解;如果感情确已破裂,调解无效的,应当准予离婚。二人的婚姻关系属于此条列举情节中的"因感情不和分居满二年",故二人诉讼离婚的请求应予支持。

对于子女抚养问题,根据《民法典》第36条,撤销监护人资格的相关规定,监护人有下列情形之一的,人民法院根据有关个人或者组织的申请,撤销其监护人资格,安排必要的临时监护措施,并按照最有利于被监护人的原则依法指定监护人:

(一)实施严重损害被监护人身心健康的行为。

(二)怠于履行监护职责,或者无法履行监护职责且拒绝将监护职责部分或者全部委托给他人,导致被监护人处于危困状态。

(三)实施严重侵害被监护人合法权益的其他行为。

本案中，依据柯某有暴力等行为会影响被监护人身心健康成长，故撤销柯某对婚生女 B 的监护人资格，由吴某享有对婚生女 B 的监护人资格。

对于抚养费的分担和探视问题，根据《民法典》第 37 条的规定，监护人资格被撤销后负担义务不免除，故柯某仍须在婚生女 B 成年之前承担相应的抚养费，柯某可以探视孩子，同时吴某应配合柯某探视孩子。

26. 无证驾驶者由于道路不平发生交通事故，责任应由谁承担？

□ 郜芬芬

【案情简介】

2021 年 3 月 30 日，喻某驾驶无号牌摩托车，车载其家属陈某沿某市环城西路行驶，行驶至 A 路段的路面凹槽处时，车辆摔倒，造成喻某受伤经抢救无效后死亡、陈某受伤的交通事故。2021 年 4 月 15 日，该市公安局交通警察大队作出《道路交通事故认定书》，载明："现场位于 A 路段，该事故路段路面不平坦有两条凹槽，长度约 1775cm、宽度约 65cm、深度约 5~8cm。该路段行车视线良好；喻某无有效机动车驾驶证驾驶机动车上路行驶，未按操作规范确保安全驾驶，其行为违反了《中华人民共和国道路交通安全法》第十九条第一款之规定，是造成该起事故的直接原因；喻某负事故的全部责任。"

陈某对该交通事故认定书持有异议，认为导致喻某出现交通事故的原因是该市公路建设养护中心没有及时养护道路，A 路段的凹槽是导致喻某出现交通事故的原因。陈某以该市公路建设养护中心侵犯喻某生命权、健康权、身体权为由，提起诉讼，请求法院判决该市公路建设养护中心赔偿陈某损失共计 238,644 元。

"律师说法"案例集（3）

【判决结果】

喻某对交通事故致死承担部分赔偿责任，共计30,437.80元，驳回陈某的其他诉讼请求。

【律师解读】

本案法院经审理认为，喻某无证驾驶致使交通事故的发生，应当承担主要责任；该市公路建设养护中心因在道路养护方面确有瑕疵。因此，应当对喻某交通十五致死承担部分赔偿责任。

根据《民法典》第1165条关于过错责任原则的规定："依照法律规定推定行为人有过错，其不能证明自己没有过错的，应当承担侵权责任。"《最高人民法院关于审理道路交通事故损害赔偿案件适用法律若干问题的解释》第九条规定："因道路管理维护缺陷导致机动车发生交通事故造成损害，当事人请求道路管理者承担相应责任的，人民法院应予支持，但道路管理者能够证明自己按照法律、法规、规章、国家标准、行业标准或者地方标准尽到安全防护、警示等管理维护义务的除外。"本案中，事发A路段属于省道，该市公路建设养护中心作为公路的管理和养护主体，对事发路段具有管理和养护责任，在案件审理过程中，该市公路建设养护中心没有证据证明其对A路段已尽到管理养护的义务，故推定该市公路建设养护中心对事故的发生具有过错，应该承担相应的赔偿责任。

当事人喻某明知自己无驾驶证仍驾驶无号牌普通二轮摩托车上路行驶，且在A路段行车视线良好的情况下发生单方交通事故，故自身对事故的发生具有重大过错，应该承担事故的主要责任。同时，根据《民法典》第1173条关于过失相抵的规定："被侵权人对同一损害的发生或者扩大有过错的，可以减轻侵权人的责任。"可以适当减轻该市公路建设养护中心的责任。

因此，根据事故认定书的责任认定，并结合相关证据和案件具体情况。分析本案中双方的过错程度，可以酌定由喻某负主要责任，该市公路建设养护中心承担部分民事赔偿责任，赔偿金的计算依照《民法典》第1179条关于人身损害赔偿范围的规定进行核算。

27. 恋爱期间的经济往来如何认定，是借贷还是赠与？

□ 张　颖

【案情简介】

郑某（男）与隋某（女）在2021年1月至2021年4月系恋爱关系。恋爱期间双方互有转账，数额180元至10000元不等。其中，郑某通过微信向隋某转账62884.99元（含2021年2月14日521元、2月16日1314元、3月8日1999.99元），通过支付宝向隋某转账3600元，以上款项合计66484.99元，其中单笔数额超过3000元，合计38900元。隋某通过微信向郑某转账15721元（含支付给案外人6421元），通过支付宝向郑某转账26000元，以上款项合计41721元，其中单笔数额超过3000元，合计30000元。

双方恋爱期间，隋某持有并刷取郑某名下尾号为3855的光大银行信用卡和尾号为6407的建设银行信用卡，共计71670元。隋某否认曾持有并刷取此部分金额，但经查明，确系隋某刷取。

隋某于2021年3月16日至4月15日共计为郑某名下尾号3855的信用卡还款40000元。根据隋某的建设银行卡交易明细显示隋某月工资3000元左右，郑某称其信用卡现处于欠款挂账状态。2021年4月26日，郑某以民间借贷纠纷为由，对隋某提起诉讼，请求判令隋某返还借款66850元。

— 61 —

【判决结果】

隋某于判决生效之日起十日内给付郑某人民币 40570 元，驳回郑某的其他诉讼请求。如隋某未按判决指定的期间履行给付金钱义务，加倍支付迟延履行期间的债务利息。

【律师解读】

《民法典》第六百五十七条对赠与合同规定："赠与合同是赠与人将自己的财产无偿给予受赠人，受赠人表示接受赠与的合同。"

郑某与隋某之间原是恋爱关系，恋爱期间双方互有账目往来。对于郑某通过微信和支付宝转账给隋某的款项 66484.99 元，其中 2021 年 2 月 14 日 521 元、2 月 16 日 1314 元、3 月 8 日 1999.99 元，此类款项具有一定特殊含义，非整数金额的资金往来应当考虑是否为赠与。虽然隋某对于其他剩余款项 62650 元并未否认全部是借款，但考虑到双方的转账系发生在恋爱期间，男女双方为增进感情互有付出系人之常情，对于该 62650 元不宜全部认定为借款。

根据《最高人民法院关于审理民间借贷案件适用法律若干问题的规定》中第一条对民间借贷规定："本规定所称的民间借贷，是指自然人、法人、其他组织之间及其相互之间进行资金融通的行为。"

除了具有特殊含义的金额可以认定为赠与之外，其他款项则应当结合双方经济能力，划定一个金额界限，在此界限之下的数额较小的款项可以认定为赠与，在此界限之上的大额款项应当认定为借贷。在本案中，则应当结合隋某月薪 3000 元的工资水平，划定 3000 元为金额界限，对于郑某和隋某之间转账超出 3000 元的数额认定为系借款和还款，对于其他款项则认定为赠与。

本案中，郑某先前通过微信及支付宝转账给隋某超过 3000 元的数额共计 38900 元，隋某先前通过微信及支付宝转账给郑某超过 3000 元的数额共计 30000 元，两者相抵顶后隋某应返还郑某 8900 元。对于郑某名下光大银行信用卡及建设银行信用卡所涉款项，隋某虽否认曾持有并刷取过其中款项，但根据法院调取的隋某名下尾号1932建设银行卡交易明细及隋某名下POS机交易明细，可以证实郑某的信用卡金额确系隋某刷取，隋某对此虽有异议但并未提供证据予以反驳，故对上述所涉信用卡款项71670元，扣除隋某已偿还的40000元后，应偿还郑某剩余31670元。

28. 提供"共享"视频会员账号获利是否合法？

□ 张　昊

【案情简介】

某酷公司系某影视作品信息网络传播权的独占许可使用人。某酷公司发现，某蓝公司未经许可在某蓝公司经营的App上有偿提供涉案影片的在线播放服务，并在影片片头设置广告，以此牟利。

某酷公司认为，某蓝公司的上述行为构成不正当竞争，违反了《中华人民共和国反不正当竞争法》第二条的规定，侵害某酷公司信息网络传播权及获得收益权，故诉至法院，要求某蓝公司立即停止不正当竞争行为并赔偿其经济损失及维权的合理开支。

某蓝公司辩称，其为用户提供的是"共享会员"服务，即某蓝公司通过某酷公司官方渠道购买某酷公司VIP会员账号，并使用这些账号为其App用户有偿提供某酷公司VIP会员可享有的播放服务。某蓝公司与某酷公司之间不存在竞争关系，其系合法购买取得某酷公司VIP会员账号使用权，并无主观过错。涉案App系通过"共享会员"服务实现对某酷公司VIP账号的共享创新，系新型商业模式，既未扰乱某酷公司的正常经营活动，亦未损害某酷公司的利益，且也没有因此获利。

双方就某蓝公司的行为是否侵害某酷公司的信息网络传播权，某酷公司与某蓝公司是否存在竞争关系，某蓝公司提供"共享账号"服务是否具有正当性产生争议。

【判决结果】

一审法院判决某蓝公司赔偿某酷公司经济损失 196.6 万元、合理开支 5.4 万元。某蓝公司不服一审判决，提起上诉。

二审法院维持一审法院判决。

【律师解读】

一、某蓝公司的行为是否侵害某酷公司的信息网络传播权？

根据《最高人民法院关于审理侵害信息网络传播权民事纠纷案件适用法律若干问题的规定》第三条的规定："网络用户、网络服务提供者未经许可，通过信息网络提供权利人享有信息网络传播权的作品、表演、录音录像制品，除法律、行政法规另有规定外，人民法院应当认定其构成侵害信息网络传播权行为。通过上传到网络服务器、设置共享文件或者利用文件分享软件等方式，将作品、表演、录音录像制品置于信息网络中，使公众能够在个人选定的时间和地点以下载、浏览或者其他方式获得的，人民法院应当认定其实施了前款规定的提供行为。"

涉案影片的播放系通过登录某酷公司网站 VIP 会员账号，访问某酷公司网站涉案影片的链接地址获取的正版影片资源。因此，将作品置于向公众开放服务器中的直接行为人是某酷公司，而非某蓝公司，某蓝公司仅实施了提供作品链接的行为，不构成对某酷公司信息网络传播权的直接侵害。

二、某酷公司与某蓝公司是否存在竞争关系？

狭义竞争关系，是指同业经营者之间的关系。所谓同业经营者，是指经营相同或者近似商品的经营者，而近似商品就是具有替代性的商品，即这些商品在功能或者用途上可以互相替代。

本案中，某酷公司与某蓝公司的主要业务均是面向网络用户提供互联网视频服务。显而易见，本案中的双方存在竞争关系。

三、某蓝公司提供"共享账号"服务是否具有正当性？

针对某酷公司的主张，某蓝公司辩称其行为系"共享经济"创新模式，不应简单扼杀，应予保护。然而，所谓的"共享经济"是指整合社会闲置资源，使不同主体通过出让和使用资源共同获得经济红利。因此，共享应以各方的互利共赢为前提，以不得损害他人的合法权益为边界。

本案中，某蓝公司的经营模式是利用某酷公司投入大量资金获取的影片资源为自己牟利，以极低的成本攫取他人合法商业资源，以损害对方的经营利益为代价获得自己的收益。这种靠攫取他人利益牟利的行径，只会破坏良性的经营环境和激励创作传播的机制，具有明显的不正当性与可责性。

29. 签署以质押车辆为目的债权转让协议，是否属于转质权纠纷？

□ 张　　颖

【案情简介】

原告从快手直播平台认识二手车买卖中介魏某，并经过魏某的介绍，与被告冷某在2020年5月26日签订了以转移质押车辆为目的的债权转让协议，目的是占有使用涉案白色丰田轿车。但在2020年7月14日的凌晨两点左右，距离质押车辆实际交付日不到2个月时间，第三人内蒙古某商务服务有限公司未以任何形式提前通知原告，即私自将原告从内蒙古某车行半价车销售中心支付合理对价受让的白色丰田轿车开走。

经查明，涉案白色丰田车原车主张某于2018年5月23日向和林农村信用社借款303400元，用于支付张某与内蒙古某商务服务有限公司签订的汽车代购合同中的部分购车款，并同时以该车作为抵押物与和林农村信用社签订了最高额抵押合同。第三人内蒙古某商务服务有限公司为上述303400元的借款合同提供保证担保。

原车主张某在办理涉案车辆上户手续后，于 2019 年 8 月 6 日又将车辆质押给某车行，并获得借款 115000 元，并同时签订了同意转让债权的通知书。之后被告冷某在 2020 年 5 月 26 日将该债权以及质押车辆以 147000 元转让给原告，并签订了质押车辆交接免责协议。

综上原告认为，其与被告冷某签订的债权转让协议的核心是原告据此获得涉案白色丰田轿车占有使用的物权。但是现在该车辆被本案第三人占有，导致债权转让协议的主要目的不能实现，且给原告造成了经济损失，因此向法院提起诉讼。

【判决结果】

第一，解除原告与被告冷某签订的《债权转让标的质押物车辆交接免责协议》；第二，被告冷某于判决生效之日起十日内返还原告购车款 147000 元。

【律师解读】

1. 被告对登记在张某名下的涉案白色丰田车，被告抗辩以债权转让（转质权纠纷）的形式向原告出卖此车辆，实为买卖合同，原告向被告支付全额车款后，出卖人就交付的标的物，负有保证第三人不得向买受人主张任何权利的义务，被告应向原告交付无权利瑕疵的车辆，并对交付的车辆承担瑕疵担保义务。但被告所交付的车辆系登记车主以贷款方式购买并存在长期贷款逾期未清偿情况，导致车辆交付后两个月被第三人某商务服务有限公司拖走，原告的买卖合同目的已无法实现，原告要求解除合同返还车款的诉讼请求，符合法律规定。至于被告的权益如何保障，可以向原车主张某或第三人另行解决。

2. 原被告签订的协议名义为债权转让且质押物即车辆转让协议，但协议中未涉及债务人姓名或名称，且无债款数额，故真实意图系签订车辆买卖协议。该车辆买卖协议不违反法律的强制性规定，应为有效，双方应受该协议约束。而现在的真实情况是买卖合同的标的物丧失占有权，导致合同目的落空，故该根本违约行为应属合同解除的法定原因，故本案的买卖车辆合同应予解除。根据合同具有相对性，合同解除后，依恢复原状原理被告应向原告返还已收车款。

3. 被告辩称本案不属于"买卖合同纠纷"，属于"转质权纠纷"，且签订了《债权转让标的质押物车辆交接免责协议》。但转质，是指质权人在质权存续期间，为担保自己的债务，以其所占有的质物，为第三人设定质权的行为。而被告并非系涉案车辆的债权人亦非质权人，转质权，须以真实的债权债务存在为前提。且本案中被告与原告双方之间并无债权债务关系，且双方并未签订书面的质押债权转让协议；同时，《债权转让标的质押物车辆交接免责协议》未对债权转移进行描述，只是对车辆交付时间、状况以及免责情况进行了说明。同时，被告将车辆交付给原告，原告将车款支付给被告，双方之间已经形成了交付货物以及支付价款的关系，符合买卖的形式要件。因此，本案不属于债权转让（转质权）法律关系。

30. 网络侵权责任纠纷中，侵犯对方名誉权如何认定及处理？

□ 安思霖

【案情简介】

陆某为新浪微博用户，用户名为"火猫三炸"。2020年3月14日，琪某发布一篇关于陆某以及其家庭情况方面的文章，并配有一位微博用户（曾评论过陆某微博）与新浪微博用户"tiky 黑"（即琪某）的聊天记录。微博内容包含：对陆某及家庭情况进行毫无根据的污蔑，使用"自导自演""换了好几任""靠父辈关系"等损害社会风化、有违公序良俗的不堪词语对陆某及其家人进行语言攻击。琪某的侵权行为损害了陆某的人格权益和隐私，给陆某及其家人造成了巨大的心理负担和精神损害，遂起诉至法院。其间陆某向法院提交了公证书、公证费发票等证据，以证明琪某的侵权事实及陆某的维权费用支出。

【判决结果】

一、被告琪某立刻停止侵权行为，删除其在网络上发布的侵犯原告陆某名誉权、隐私权的信息，并于本判决发生法律效力七日内在其有效微博上持续七日就其侵犯陆某名誉权、隐私权一事赔礼道歉。

二、被告琪某在本判决发生法律效力七日内向原告陆某赔偿精神损失抚慰金10000元、公证费2000元，共计12000元。

【律师解读】

一、琪某发布的涉案微博是否侵犯陆某名誉权？

名誉权是指公民或法人就其自身属性和价值所获得的社会评价，享有的保有和维护的具体人格权。根据《最高人民法院关于贯彻执行＜中华人民共和国民法通则＞若干问题的意见》第140条规定：以书面、口头等形式宣扬他人的隐私，或者捏造事实公然丑化他人人格，以及用侮辱、诽谤等方式损害他人名誉，造成一定影响的，应当认定为侵害公民名誉权的行为。

具体到个案审查中，判断某种言论是否侵害名誉权，应当根据受害人确有名誉被损害的事实，行为人行为违法、违法行为与损害之间有因果关系、行为人主观上有过错来认定。

本案中，"tiky黑"（琪某）在微博中发布关于微博博主"火猫三炸"（陆某）的微博信息，及陆某与其他微博网友关于陆某本人及其家庭情况的聊天记录，聊天记录中出现了"亲妈没钱亲爸换了好几任、被大学同学排挤等"未经核实且带有负面性评价的词汇。琪某辩称该微博内容涉及侵权的部分并非其所述，而是其他微博用户说的。但琪某作为拥有几千个粉丝的网络博主，在对其他微博用户所述关于可能侵犯陆某的名誉权的内容未经核实，主动将该聊天记录在微博进行发布，截至2020年3月16日该微博被转发2次、评论88次、点赞468次。结合微博内容及配图能够看出该微博具有明确的指向性。微博中使用的词汇与内容，势必会导致他人对陆某个人名誉及家庭关系的无端猜测和想象，从而给其个人及家庭的社会评价带来负面影响。综合上述原因，琪某发布的涉案微博构成了对陆某名誉权的侵害。根据法律规定，侵害他人名誉权的，应承担停止侵害、恢复名誉、消除影响、赔礼道歉、赔偿损失等侵权责任。

因此，本案法院要求琪某立即停止侵权行为（删除其在网络上发布的所有侵犯陆某名誉及隐私的信息），消除影响并赔礼道歉是合法合理的。

二、关于公证费承担问题

陆某为保存本案涉诉网络信息内容向某市公证处申请公证并支付公证费2000元。关于陆某公证费的诉请，依据《最高人民法院关于审理利用信息网络侵害人身权益民事纠纷案件适用法律若干问题的规定》第十八条"被侵权人为制止侵权行为所支付的合理开支，可以认定为民法典第一千一百八十二条规定的财产损失。合理开支包括被侵权人或者委托代理人对侵权行为进行调查、取证的合理费用"的规定，故对公证费的诉请应由被告琪某承担。

31. 乔丹体育公司为何被判停止使用"乔丹"商号？

□ 董园园

【案情简介】

迈克尔·杰弗里·乔丹（Michael Jeffrey Jordan）是美国职业篮球运动员，在中国被翻译为迈克尔·乔丹（以下简称乔丹），是在中国家喻户晓的体育明星。乔丹认为其中文译名已与迈克尔·乔丹建立了特定的联系并为中国公众所熟知，迈克尔·乔丹由此对中文"乔丹"享有姓名权。

原告认为被告乔丹体育股份有限公司（简称乔丹体育公司）未经原告

乔丹的许可，擅自在其商号、产品和商业推广活动中使用其姓名"乔丹"，对广大消费者造成了误导，已构成对原告乔丹姓名权的侵害。而被告上海某仞贸易有限公司（简称某仞贸易公司）销售乔丹体育公司的侵权产品，同样侵犯了原告乔丹的姓名权，故构成共同侵权。

故，乔丹将乔丹体育公司与某仞贸易公司以侵犯其姓名权为由诉至某市第二中级人民法院。

【判决结果】

1. 乔丹体育公司在报纸、新浪网页上刊登声明，澄清与乔丹之间的关系，并公开赔礼道歉；2. 乔丹体育公司停止使用其企业名称中的"乔丹"商号；3. 乔丹体育公司停止使用涉及"乔丹"的商标，但对于超过五年争议期的涉及"乔丹"的商标，应采用包括区别性标识等在内的合理方式，注明其与乔丹不存在任何关联，以消除联系，显示区别，停止侵害；4. 乔丹体育公司赔偿乔丹精神损害抚慰金人民币30万元；5. 乔丹体育公司赔偿乔丹因本案诉讼所支出的合理费用人民币5万元；6. 驳回乔丹的其他诉讼请求。

【律师解读】

人格权是自然人的基本民事权利，姓名权作为自然人一项重要的人格权利，受到法律的保护。姓名权的保护主要体现在人格利益，任何人干涉、冒用、盗用他人的姓名或故意造成混淆，即构成对他人姓名权的侵害。

第一，原告姓名Michael Jeffrey Jordan与中文译名"乔丹"之间已经形成对应关系。在我国实际生活中，存在着大量以外国人的姓氏译名指代外国人的情形。本案中，根据原告提供的大量证据，也证明原告姓氏译名"乔丹"早已被作为其简化译名，用于指代原告。

第二，乔丹体育公司实施了侵害原告乔丹姓名的行为。乔丹体育公司未经原告许可，在体育用品领域内，使用了与原告中文译名"乔丹"完全一致的文字作为其商号的重要组成部分。

第三，乔丹体育公司的侵权行为造成损害后果，且侵权行为与损害后果之间具有因果关系。乔丹体育公司将"乔丹"用于企业名称，足以误导公众对该公司与原告乔丹之间产生联想，造成混同。

第四，乔丹体育公司主观上存在过错。该公司明知原告乔丹的知名度，仍擅自注册商标，且其在商业活动中长期使用"乔丹"，并放任相关公众误认的行为，具有明显的侵害原告姓名权的故意。

综上所述，原告乔丹对其中文译名"乔丹"形成稳定的对应关系，依法享有姓名权。本案被告乔丹体育公司未经原告许可，擅自将"乔丹"用于企业商号，故而侵犯了原告乔丹的姓名权。

32. 服务商标如何提供使用证据？

□ 刘云佳

【案情简介】

上海 AB 公司在第 42 类"建筑制图、建设项目的开发"等服务上注册有与字号相同的 AB 商标（简称诉争商标），武汉 BA 公司根据《中华人民共和国商标法》（以下简称《商标法》）第 49 条第 2 款"注册商标成为其核定使用的商品的通用名称或者没有正当理由连续三年不使用的，任何单位或者个人可以向商标局申请撤销该注册商标"的规定，以认为诉争商标连续三年不使用为由，向国家知识产权局商标局对诉争商标提起撤销申请（简称撤三）。上海 AB 公司在收到商标局下发的提供使用证据通知后委托我方答辩。我方遂结合《中华人民共和国商标法实施条例》第 66 条、67 条规定向该公司针对案件焦点提出了具体的举证建议，在收到其交付的材料后提出反馈意见，不断完善证据。基于终稿证据材料撰写使用证据的情况及证据目录并提交，商标局通过审理依据使用证据作出对诉争商标不予撤销的决定。

武汉 BA 公司不服该决定，遂依据《商标法》第 54 条于法定期限内提起撤销复审，上海 AB 公司继续委托我方进行答辩。我方在答辩过程中除进一步梳理证据外，还向官方阐明武汉公司两次提起撤销程序的动机并非善意，仅是通过"合法"法律途径，尝试清除其"BA"商标驳回的障碍即诉争商标"AB"的案件背景。

【处理结果】

经国家知识产权局商标局及商标评审两阶段审理后，均认可了我方代表 AB 公司组织提交的证据材料，维持了诉争商标的继续有效，稳定了 AB 公司在此服务项目上继续经营的基础。

【律师解读】

依据《商标法》第 49 条第 2 款"连续三年不使用"为由提起的撤销案件，唯一争议焦点就是诉争商标是否于指定期限内在被申请撤销的项目上进行使用。因商品商标可以附着于商品包装、交易文书及宣传材料上，使用证据通常提供起来较为便利。但因服务通常是无形的，无法固化且不便出现在交易文书上，所以提供起来存在难度。

针对此种客观情况，在本案中我方建议上海 AB 公司查找了在涉案项目上的协议、票据、与之相应的交付文件即建筑工程设计图、搭建完成效果图等实际履行结果。同时，结合 AB 公司官网、期刊、参与展会的协议票据及展会照片、宣传手册，均可进一步佐证该公司以"AB"为对外服务标记、向公众提供了多年核定"建筑制图"等服务，而被申请撤销的其他项目均与之类似，根据规定均应不予撤销。故而，针对服务商标需结合其实际服务行业的交易习惯，组织证据材料，通过证据链呈现其服务的过程及对诉争商标的使用情况，进而达到证明目的。

2020 年第 12 期商标评审案件审理情况的月报公布数据显示，在 2020 年 11 月 16 日至 12 月 15 日期间，撤销复审案件结果为全部撤销的占比 49.01%，不予撤销的占比 16.17%。撤销复审案件中意欲维持诉争商标继续有效确实存在较大难度,但本案的审理过程及结果证明针对撤销复审,诉争商标权利人也并非不可作为。

33. 经授权的生产商、销售商为何仍构成侵权?

□ 董园园

【案情简介】

1897年西门子股份公司(以下简称西门子公司)在德国慕尼黑注册,1994年10月6日成立了全资子公司——西门子(中国)有限公司(以下简称西门子中国公司)。1979年,西门子公司在中国注册"西门子"、"SIEMENS"商标,并于1996年通过马德里商标国际局分别在中国注册第G683480号"西门子"、G637074号"SIEMENS"商标,上述商标目前处于有效状态。经授权,西门子中国公司有权针对中国侵权行为采取维权措施,授权期限延续至2022年12月31日。

深圳博世西门子科技有限公司(以下简称博世西门子公司)成立于2015年9月1日,经营范围为家用电器的设计、研发及销售;家用电器的生产及加工等。宁波帅舟电器有限公司(以下简称帅舟公司)成立于2004年5月31日,经营范围为家用电器、五金配件、塑料制品(除饮水桶)制造加工等。

博世西门子公司将含有"西门子"的企业名称授权帅舟公司在其生产的全自动洗衣机上使用,并由蒋某负责产品的销售、宣传和售后服务,其中博世西门子公司法定代表人为刘某。西门子公司、西门子中国公司认为上述行为侵犯其合法权益,将其诉至法院。

【判决结果】

一审判决:1. 博世西门子公司、帅舟公司、蒋某(简称涉案三主体)

立即停止使用"深圳博世西门子科技有限公司"、"博世西门子科技"等字样从事商业活动；2. 博世西门子公司变更企业名称中的"西门子"字号，字号变更后不得含有与"西门子"相同或相近字样；3. 上述涉案三主体连带赔偿西门子公司、西门子中国公司（简称两原告）经济损失人民币30万元；4. 驳回两原告对刘某的诉讼请求；5. 上诉三主体在报纸上刊登声明以消除影响；6. 驳回两原告的其余诉讼请求。

二审判决：1. 维持一审法院民事判决第一、二、五项；2. 撤销一审判决第三、四、六项；3. 涉案三主体连带赔偿两原告经济损失人民币40万元；4. 刘某对博世西门子公司的40万元赔偿额承担连带责任；5. 驳回两原告的其他诉讼请求。

【律师解读】

博世西门子公司、蒋某、帅舟公司上述使用涉案字样行为，是否属于不正当竞争行为？

根据《反不正当竞争法》第六条规定，经营者不得实施下列混淆行为，引人误认为是他人商品或者与他人存在特定联系。其中第（二）项，擅自使用他人有一定影响的企业名称（包括简称、字号等）、社会组织名称（包括简称等）、姓名（包括笔名、艺名、译名等）。

由于"西门子"字号在我国具有极高的知名度，作为原告同行业经营者的博世西门子，对于其字号的知名度在主观上属应知、明知状态。但仍许可授权帅舟公司生产、蒋某销售的行为，易引人误以为涉案相关产品由两原告生产或与其具有特定联系，构成不正当竞争行为。

而帅舟公司与蒋某作为涉案产品的生产者和经营者，对"西门子"字号也应知晓，却依然接受委托生产涉案产品并将博世西门子公司的企业名称印制在涉案产品包装上，亦构成不正当竞争行为。

涉案三主体在签订授权协议时已属于实施侵权行为，后又分别实施侵权行为，故三人构成共同侵权，应承担连带责任。而博世西门子公司股东刘某未能证明其财产与公司财产相互独立，应对公司债务承担连带责任。

34. 房子没有住进去，也需交物业费？

□ 郜芬芬

【案情简介】

2015年5月，杨某在湖南省某县某小区购买了一套住宅并办理了收房手续。同年，杨某与物业公司签订了物业服务协议。此后，由于杨某一直未缴纳物业费，物业公司多次致电催缴，但杨某以未真正入住为由拒不缴纳物业费。

2020年9月，物业公司将杨某起诉至某县人民法院，要求杨某支付物业费，并承担近千元的违约金。庭审中，杨某辩称，其房屋在交付后一直处于闲置状态，既未对房屋进行装修，也未居住或使用，根本未享受过物业公司提供的任何服务，所以不应支付物业费和违约金。而物业公司称，虽然杨某的房屋处于闲置状态，但物业公司仍为其房屋的安全、公共设施的维护、小区的整体绿化和保洁提供了服务，故杨某理应缴纳物业费，并承担违约金。

【判决结果】

杨某支付2015年至2019年12月31日期间的物业费。

【律师解读】

本案经法院审理后认为，杨某作为业主，物业公司依据双方签订的合同为杨某提供物业服务。因此，当事人之间系物业服务合同纠纷，杨某应按物业服务合同及相关规定向原告缴纳物业费。杨某辩称办理入住手续后未实际居住，未享受过物业公司提供的任何服务，所以不应支付物业费和违约金的主张，法院不予采纳。

在现实生活中，常常有业主以未享受物业服务企业已经提供的服务

（比如业主提出其因出国而未享受服务）或者无需享受相关物业服务（比如低楼层业主提出其从未乘坐电梯等）提出抗辩。选聘物业服务企业是业主共同作出的决定，只要物业服务企业按照合同约定提供了相关服务，则全体业主对物业费都具有缴纳义务。对此《民法典》第944条作出了最新规定："物业服务人已经按照约定和有关规定提供服务的，业主不得以未接受或者无需接受相关物业服务为由拒绝支付物业费。业主违反约定逾期不支付物业费的，物业服务人可以催告其在合理期限内支付；合理期限届满仍不支付的，物业服务人可以提起诉讼或者申请仲裁。"

物业服务具有公众性，它的价值在于满足公共性服务的同时，达到对整个居住环境品质的提升，最终体现在对业主个体的服务价值。物业管理费是指物业产权人、使用人委托物业管理单位对居住小区内的房屋公共建筑及其设备、公用设施、绿化、卫生、交通、治安和环境等项目进行日常维护、修缮、整治及提供其他与居民生活相关的服务所收取的费用。本案中杨某房屋虽然空置，但小区卫生仍需天天清洁，公共秩序必须时时巡查维护，所有设施设备如电梯、消防等费用也要一分不少地支出。

35. 顺风车发生交通事故，保险公司是否承担责任？

□ 张　颖

【案情简介】

2020年7月27日，在北京市某区机场高速主收费站北500米，原告（某公司顺风车司机）驾驶小型轿车载着乘客A由南向北行驶，B驾驶的轻型封闭货车也由南向北行驶，两车相撞发生交通事故，造成原告车辆前座乘客A受轻微伤。经北京市公安局公安交通管理局出具的交通事故认定书认为：原告负事故的全部责任，乘客A无责，被撞者B无责。并查明，原告轿车的承保公司为中国人民财产保险股份有限公司北京市分公司。

事故发生后，原告向中国人民财产保险股份有限公司北京市分公司提出赔偿申请，但该保险公司以《中国人民财产保险股份有限公司机动车综合商业保险条款》第九条第五款、第四十一条第二款，第二十五条第二款第三项为由，认为原告的车辆改变了使用性质，导致被保险机动车危险程度显著增加，保险人不负责赔偿。无奈之下，原告特向法院提起诉讼，请求法院依法支持原告的诉讼请求。

【判决结果】

第一、判决生效后十五日内，被告中国人民财产保险股份有限公司北京市分公司赔偿原告车辆修理费（扣残值后定损金额）77376元。

第二、驳回原告其他诉讼请求。

【律师解读】

本案情形属于保险责任赔偿范围。

原告的行为完全符合《北京市私人小客车合乘出行指导意见》，是绿色出行的合乘行为，不属于营运行为，没有改变车辆使用性质。根据《网络预约出租汽车经营服务管理暂行办法》的规定，顺风车与网约车并非同一概念，顺风车是指私人小客车合乘，应按市人民政府有关规定执行。

2016年12月21日，北京市交通委员会、北京市公安局、北京市工商行政管理局、北京市通信管理局、北京市互联网信息办公室等五部门联合发布出台了《北京市私人小客车合乘出行指导意见》，该意见在首部开宗明义，阐述其目的在于"清洁空气、节约能源、缓解交通拥堵、方便出行，规范本市私人小客车合乘行为，保护合乘参与人的合法权益"，其第一条规定："私人小客车合乘，也称为拼车、顺风车，是由合乘服务提供者事先发布出行信息，出行线路相同的人选择乘坐驾驶员的小客车、分摊合乘部分的出行成本（燃料费和通行费）或免费互助的共享出行方式。"其第二条规定："合乘出行作为驾驶员、合乘者及合乘信息服务平台各方自愿的、不以盈利为目的的民事行为，相关责任义务按照有关法律法规的规定由合乘各方自行承担。"

由此可知，顺风车并不以盈利为目的，也非营运行为。因此，本案属于保险责任赔偿范围，不属于保险免责事由。

36. 旅游侵权纠纷，如何划分责任？

□ 温奕昕

【案情简介】

2019年1月21日，孙某与某旅行社在北京签订《北京市国内旅行合同》。当天下午，孙某在旅行社组织下，来到辽宁某温泉酒店参加水上滑梯项目，因该滑梯有青苔导致孙某摔倒。事故发生后，孙某在当地医院进行诊断治疗，诊断结果为肘关节挫伤、双上肢多处软组织伤等，后孙某又前往其他医院多次进行治疗、复查。最终孙某对某旅行社和某温泉酒店提起诉讼。一个美好的旅游行程变成孙某的一个噩梦。

【判决结果】

某旅行社、某温泉酒店各承担20%的侵权责任，分别向原告孙某承担医疗费876元、误工费2000元、护理费300元、营养费100元、交通费100元。

【律师解读】

本案中，北京市某法院认为，公民依法享有生命权、健康权、身体权。旅游经营者、旅游服务者未尽到安全保障义务，造成旅游者人身损害、财产损失的，旅游者请求旅游经营者、旅游辅助服务者承担责任的，人民法院予以支持。综合考虑旅游合同的内容、水上项目的危险性，孙某作为一名完全民事行为能力的人，事发时应对项目危险有所预见，其应有能力通过自己积极预防避免受到伤害等因素，因此，某旅行社、某温泉酒店各承担 20% 的侵权责任。

今天，随着人们收入的提高，越来越多的人选择在假期外出旅游。为了方便出游，很多人会委托旅行社来安排自己的行程。随着新冠肺炎疫情的缓解，2021 年我国五一出行达 2.3 亿人次。然而伴随着旅游合同纠纷、合同履行侵权纠纷也屡次发生。如何规避风险，是旅游者必须面对的问题。

旅游者与旅行社签订合同后，双方形成了旅游服务合同关系，旅行社所提供的服务应当符合保障旅游者人身、财产安全的要求。同时，旅行社委托的旅游辅助人所提供的食宿、游玩项目、交通运输等服务系旅行服务合同的延续。其应被认定为是代理旅行社的行为，旅游辅助人的侵权行为可直接认定为旅行社的侵权行为。旅游者在游玩过程中摔伤，旅游者有权以侵权之诉要求旅行社和旅游辅助人分别承担责任。《最高人民法院关于审理旅游合同纠纷案件适用法律问题的若干解释》第七条规定："旅游经营者、旅游辅助服务者未尽到安全保障义务，造成旅游者人身损害、财产损失，旅游者请求旅游经营者、旅游辅助服务者承担责任的，人民法院应予支持。"及第八条规定："旅游经营者、旅游辅助服务者对可能危及旅游者人身、财产安全的旅游项目履行告知、警示义务，造成旅游者人身损害、财产损失，旅游者请求旅游经营者、旅游辅助服务者承担责任的，人民法院应予支持。"

本案中，因温泉酒店未尽到安全保障义务导致孙某摔倒致伤，孙某起诉要求旅行社（旅游经营者）和某温泉酒店（旅游辅助人）承担连带侵权责任符合法律规定。

37. 对赌协议约定的对价严重低于保底费用，效力如何？

□ 王 阳

【案情简介】

上海某境影视文化有限公司（以下简称"某境公司"）是《聊斋新编》的出品人，出品了《聊斋新编之叶生、绿衣女》、《聊斋新编之连锁、恒娘》、《聊斋新编之乾坤、陆判》和《聊斋新编之夜叉国、花姑子》等电视剧。

某境公司与某广播电视集团（以下简称"某广电集团"）签订了《许可合同》，某境公司授权某广电集团《聊斋新编》系列电视剧在某省范围内的无线、有线独占电视播映权。《许可合同》中第二条约定该剧的播映权许可费用按每集60万元计，全片共计2880万元。

《许可合同》在补充条款中的第十条对《聊斋新编》系列电视剧的业绩进行对赌约定：

（1）如该剧全国卫视同时段平均收视排名达到全国第一位，该节目的播映权许可费用某广电集团按每集100万元计。

（2）如该剧全国卫视同时段平均收视排名达到全国第二位，该节目的播映权许可费用某广电集团按每集80万元计。

（3）如该剧全国卫视同时段平均收视排名达到全国第三位，该节目的播映权许可费用某广电集团按每集60万元计。

（4）如该剧全国卫视同时段平均收视排名达到全国第四位，该节目的播映权许可费用某广电集团按每集30万元计。

（5）如该剧全国卫视同时段平均收视排名达到全国第五位及以下，该节目的播映权许可费用某广电集团按每集0元计。

结果《聊斋新编》系列电视剧播出后，该剧在全国卫视同时段的平均收视排名达到全国第五位及以下。据此,某广电集团认为收视率在全国第五位以下,不予支付任何播映费用;而某境公司主张业界的对赌协议应有一个保底费用,即使没达到约定的收视率排名,也应当获得一定的保底播映费用。双方协商未果,2016年11月17日,某境公司向某市中级人民法院起诉,要求某广电集团支付播映许可费2880万元。

【判决结果】

一审判决某广电集团于判决生效之日起十日内支付某境公司播映权许可费用210万元;二审判决判决某广电集团不支付任何播映权许可费用。再审被最高人民法院驳回。

【律师解读】

本案经某省高级人民法院二审法院审理认为,根据某境公司提交报告的涉案电视剧播出整体时段的收视排名,涉案电视剧的全国卫视同时段平均收视排名为第6名,根据涉案《许可合同》第十条专项补充条款的约定,某广电集团支付某境公司的播映权许可费为0元。二审法院认可了对赌协议的效力,认为该案的对赌协议不属于显失公平的情况,是双方真实有效的意思表示,双方应当履行对赌协议的约定,因此,判决某广电集团不支付任何播映权许可费用。

某境公司不服二审判决,申请再审,某境公司主张某广电集团依照第二条而不是第十条支付价款。最高人民法院认为第十条"专项补充条款"则属于非格式条款。因此,当相关合同条款不一致时,应当按照合同法第四十一条的规定,以作为非格式条款的第十条"专项补充条款"的内容为准。故,最高人民法院驳回某境公司的再审申请。

对赌协议指的是在融资过程中,介于投融资双方信息不对称和公司未来的不确定性所创设的风险分配机制。《九民纪要》出台前,我国的司法实践中已经对对赌协议的效力进行了认定,经历了一个从否定到逐渐认可的过程。

最初法院的观点是，否定投资人与目标公司之间对赌协议的效力。在2012年苏州工业园区某投资有限公司与甘肃某有色资源再利用有限公司、香港某有限公司、某公司增资纠纷案（以下简称"海富案"）中，最高院认为投资人与目标公司对赌的情形下，投资人与目标公司之间的固定收益会脱离目标公司的经营业绩，直接或间接地损害公司利益和公司债权人利益。因此，法院认定对赌协议无效。但投资人与股东之间的对赌协议约定有效，予以支持。

但在2014年中国国际经济贸易仲裁委员会（以下简称"贸仲"）审理的京富某创业投资中心、江苏某创业投资有限公司与宁夏某制药股份有限公司投资纠纷（投资补偿）仲裁案（（2014）中国贸仲京裁字第0056号）中，贸仲认为，对赌协议的有效性不仅适用于投资人与大股东或实际控制人，也适用于投资人与目标公司之间。只要双方基于真实的意思表示约定了股权价格估值方式及调整机制，这种基于交易建立的权利义务关系不因在《公司法》禁止性规范对股东行为的调整而导致无效。贸仲进而在其裁决书中认定：该对赌协议条款不但具有经济上的正当、公平和合理性，而且该条款约定本身及其履行均不违反我国法律和行政法规的强制性规定。因此，该条款是合法有效的。

在2019年江苏省高级人民法院在江苏华某创业投资有限公司与扬州某机床股份有限公司、潘某等请求公司收购股份纠纷（（2019）苏民再62号，以下简称"华工案"）中，认定投资方华某公司与扬州某公司之间的对赌协议有效，并且具备履行可能性，作出支持投资方股东请求公司回购其持有的公司股份的再审判决。

《全国法院民商事审判工作会议纪要》出台后，《九民纪要》认为，审理好公司纠纷案件，对于保护交易安全和投资安全，激发经济活力，增强投资创业信心，具有重要意义。要依法协调好公司债权人、股东、公司等各种利益主体之间的关系，处理好公司外部与内部的关系，解决好公司自治与司法介入的关系。

《九民纪要》对于与目标公司对赌的情况进行了规定。投资方与目标公司订立的对赌协议在不存在法定无效事由的情况下，目标公司仅以存在股权回购或者金钱补偿约定为由，主张对赌协议无效的，人民法院不予支持。但投资方主张实际履行的，人民法院应当审查是否符合公司法中关于"股东不得抽逃出资"及股份回购的强制性规定，判决是否支持其诉讼请求。

但是《九民纪要》中所规定的对赌协议的类型仅包括与目标公司的股东对赌、与目标公司对赌的情形，并不包括本案中对于业绩的对赌。本案中对于播放量业绩的对赌实际上是对赌协议的一种广义解释，是对"未来不确定的情形"所作的约定。本案的裁判结果体现了意思自治原则和公平原则的平衡。某境公司与某广电集团签订的《许可合同》为格式合同，但是约定对赌协议条款的第十条为双方协商后单独补充在《许可合同》中的非格式条款，体现了双方的意思自治。某境公司认为业绩对赌的条款违反公平原则而无效，但是法院认为虽然涉案电视剧的收视排名在全国排名第五以下某广电集团无需支付播映权许可费，但该条款也约定了若涉案电视剧的收视排名在全国排名第一，则某广电集团需支付超出原本合同约定价格的100万/集许可费。也就是说，《许可合同》不存在双方权利义务和客观利益严重失衡的情况，该案件中的对赌协议不属于显失公平的情况。

38. 融资租赁合同未及时支付租金，承担哪些法律责任？

□ 温奕昕

【案情简介】

2012年3月至6月，王某与某融资租赁公司签署四份《融资租赁合同》，租赁期限是3年，每一份租赁合同在租赁期间每月租金是13,464.78元。《融资租赁合同》第三条约定："出租人和承租人对租赁期间、起租时间、每期还租时间、利率、每期租金额等进行了充分的协商，承租人无条件同意由出租人基于共同协商的条件制作生成的《租赁支付表》，并承诺按时、足额支付租金，租金按照出租人的要求以银行代扣等方式支付。"王某在合同签订后断断续续支付租金，但未足额按期缴纳支付。后某融资租赁公司向湖南某法院提起诉讼，要求王某支付截至2019年2月28日已到期未付租金的635,409.27元、违约金106,800元、设备留购价3000元。

【判决结果】

王某承担635,409.27元租金、106,800元违约金、3000元设备留购价。

【律师解读】

融资租赁是目前国际上最普遍、最基本的非银行金融形式。它是指出租人根据承租人（用户）的请求，与第三方（供货商）订立供货合同。根据此合同，出租人出资向供货商购买承租人选定的设备。同时，出租人与承租人订立一项租赁合同，将设备出租给承租人，并向承租人收取一定的租金。随着我国经济的持续发展，依托越来越强大的实体经济，融资租赁在我国经济发展中的作用和地位将愈发重要。

根据《民法典》第五百零九条规定："当事人应当按照约定全面履行自己的义务。"；第五百七十七条规定："当事人一方不履行合同义务或者履行合同义务不符合约定的，应当承担继续履行、采取补救措施或者赔偿损失等违约责任。"本案中，王某未及时支付租金，故应承担支付租金及承担相应的违约责任。王某主张已按《租赁支付表》支付了涉案四份合同的租金，但根据融资租赁公司的《欠款明细表》可知，王某主张的租金实际对应的是其他非涉案合同。这就提醒我们，作为承租人，在涉及多份合同的履行中，一定要做好台账记录，及时跟融资租赁公司核账签署对账单，保证账目清晰精确，以更好维护自己合法权益。

39. 辩称电子合同非本人操作，能否得到法院支持？

□ 郜芬芬

【案情简介】

2020 年 1 月，张某与某公司签订电子化期货交易协议一份，约定某公司向张某提供电脑自助委托、互联网自助委托和某公司提供的电话委托查询系统等形式的电子化期货交易功能。张某与某公司进行期货交易时，其签字输入密码后，钱就过去了。后张某不承认其签过字，说是某公司自己操作的，他并不知情，不是他本人签字的，故起诉至法院。在法庭审理过程中，原告张某诉称其从未使用过自助交易的系统，应当追究被告某公司擅自使用本人账户自助交易系统自开通以来的全部侵权责任。

【判决结果】

判决张某承担相应的交易后果。

【律师解读】

本案中法院根据法律中私人密码使用时应遵守的本人行为原则，确认本案数据电文期货的交易指令是由张某本人下达。因此，判决其承担相应的交易后果。

私人密码又称私人密钥，它是密码技术中与公共密钥相对应的一种密钥，它由本人生成且只有本人知悉，其作用在于辨识文件签署者身份及表示签署者同意电子文件内容，并对数据电文进行保密。私人密码具有私有性、唯一性、秘密性的特点。公民对因其生成的包括私人密码在内的个人数据拥有无可争议的专有权。私人密码在储户设定后由系统对密码进行加密后传输到 ABIS 后台数据库中，在规范的电子化银行业务自动交易系统中，私人密码不仅在操作员的电脑中看不出，即使到银行中心机房也无法查到。除非本人泄密，他人不得知晓。因此私人密码使用即本人行为原则，是指只要客观上在电子化交易中使用了私人密码，如无免责事由，则视为交易者本人使用私人密码从事了交易行为。

本案中，合同中根据双方约定，张某必须自行更改初始交易的密码及妥善保管自己的交易密码并在需要的时候进行更换。如果在整个委托过程中，因交易密码泄漏而导致的一切损失均由张某本人自行承担。2020年1月2日张某给某公司提交了开通自助委托交易系统的申请书，申请书中表明张某已在某公司的期货交易委托系统上修改了交易密码，并且只有本人知晓，故张某修改后的密码具有私有性、唯一性和秘密性的特征，其具有对交易者身份进行鉴别即数字签名（电子签名）的功能。正是由于私人密码的上述特点和功能，这就决定了使用私人密码的法律后果。

当然私人密码使用有一个前提，就是"现有技术完全可以做到其安全性超过传统交易方式"。而事实上近期在国内发生了多起犯罪分子通过在自助银行网点门口刷卡处安装读卡器、在柜员机上安装摄像装置的方式窃取储户卡号及密码的案件，这使得ATM机交易的隐私性与安全性大大降低。所以，在目前ATM机安全性不高的情形下，私人密码使用即为本人行为原则的适用也受到一定的限制。

40. 丽枫商务酒店使用"丽枫"商标，是否构成商标侵权？

□ 董园园

【案情简介】

某麗枫集团有限公司于2013年7月19日在第43类服务上申请注册第12948606号商标"麗枫"，该商标专用权期限为2015年1月7日至2025

年1月6日。该公司在2018年1月17日申请注册第28751283号"丽枫"商标。2018年12月15日，某麗枫集团有限公司与某丽枫舒适酒店管理（深圳）有限公司（以下简称某丽枫舒适酒店）签订《商标使用许可合同》，将涉案商标许可给某丽枫舒适酒店使用。

某市林通商贸有限公司于2015年8月7日成立，2016年2月17日变更名称为"某市丽枫商务酒店有限公司"（以下简称丽枫商务酒店），经营范围变更为"住宿"。该酒店擅自将"丽枫"作为字号，并将"丽枫酒店"、"丽枫商务酒店"在经营活动中大量突出使用，该行为已导致了消费者的误认及混淆。后某丽枫舒适酒店将丽枫商务酒店起诉至法院。

【判决结果】

一审法院判决，丽枫商务酒店于本判决生效后立即停止对某丽枫舒适酒店第28751283号"丽枫"商标权的侵害，在店招、装饰、店内用品、网络平台等处不得单独使用"丽枫"商标，应增加与"丽枫"商标有区别的文字标示；丽枫商务酒店赔偿原告某丽枫舒适酒店经济损失50000元（含合理的维权费用）；驳回某丽枫舒适酒店的其他诉讼请求。

双方均不服一审判决，向某市中级人民法院提起上诉。

二审法院判决，丽枫商务酒店于本判决生效后立即停止侵犯某丽枫舒适酒店商标权及不正当竞争行为，立即停止在店招、装饰、店内用品、网络平台等处使用"丽枫"标志；丽枫商务酒店于本判决生效之日起立即停止使用"丽枫"企业字号并在三十日内变更企业名称中的字号，变更后的字号中不得含有"丽枫"字样；驳回丽枫商务酒店、某丽枫舒适酒店的其他诉讼请求。

【律师解读】

丽枫商务酒店使用涉案标识的行为是否构成商标侵权，其认为对自己的企业名称具有合法的使用权的主张是否成立？

根据《商标法》第五十九条第三款规定："商标注册人申请商标注册

前，他人已经在同一商品或者类似商品上先于商标注册人使用与注册商标相同或者相近并有一定影响的商标的，注册商标专用权人无权禁止该使用人在原使用范围内继续使用该商标，但可以要求其附加适当的区别标识"。

本案中，原告某丽枫舒适酒店成立以来，经过长期的经营宣传，获得诸多荣誉称号，在业内已具有一定的知名度。其经过授权且为上述涉案商标权利人，有权使用上述商标，其商标专用权依法受到法律的保护。"麗枫"和"丽枫"除字体不同外，发音含义完全相同，虽然丽枫商务酒店称其使用的是"丽枫"，但"丽枫"文字是臆造词，显著性较高，对于普通消费者而言，主要起识别作用的是注册商标的"丽枫"部分，容易导致相关公众的混淆或误认，构成侵害商标专用权。

根据原告所提交的证据，丽枫商务酒店的经营行为已经导致消费者误认为丽枫商务酒店与某丽枫舒适酒店存在特定的联系，扰乱了社会经济秩序，损害了某丽枫舒适酒店的合法权益，故丽枫商务酒店在企业字号及经营过程中使用"丽枫"文字的行为构成不正当竞争。

本案被告所主张的是对自己企业名称的使用并不能成立，其在门店等多处使用涉案标识的行为侵犯原告商标专用权，同时构成不正当竞争行为，一审法院认定丽枫商务酒店未侵犯某丽枫舒适酒店的商标专用权且不构成不正当竞争，属认定事实和适用法律错误，二审法院对此予以纠正。

41. 建设水电站导致村民房屋受损，为何判决排除妨害？

□ 娄　静

【案情简介】

原告梁某系广西某县某村村民，因被告某公司开发、经营的水电站于2013年蓄水，并投入运营使用，导致上游河流水位上涨，淹没梁某的自建房屋及承包地。原告的房屋和承包地长年浸泡在河水中,房屋随时都有倾覆的危险,现已无法正常居住和使用,而承包地至今也无法耕种。被告某公司一直未与梁某协商解决,上述侵权行为给梁某及其家人的生命、财产安全带来极大的威胁和隐患。为此,梁某委托北京市盈科律师事务所娄静律师代理本案起诉至法院,请求责令被告某公司消除危险、排除妨害。

【判决结果】

法院判决被告某公司于本判决生效之日起十日内,消除和排除因水电站蓄水运行引起水库水位上涨对原告梁某所有的房屋(临河)造成的危险和妨害。

【律师解读】

排除妨害是指权利人的合法物权受到他人以非法的、不正当的行为侵害或妨碍,现实地阻碍了特定物的权利人行使权利,权利人有权请求消除危险或排除妨害。

一、排除妨害的诉讼时效规定,本案不存在超过诉讼时效的情形,原告的权利应当得到保护

根据《中华人民共和国民法典》第一百九十六条规定:"下列请求权不适用诉讼时效的规定:(一)请求停止侵害、排除妨碍、消除危险;(二)不动产物权和登记的动产物权的权利人请求返还财产;(三)请求支付抚养费、赡养费或者扶养费;(四)依法不适用诉讼时效的其他请求权。"原告的诉讼请求为恢复原状、消除危险、排除妨害,且侵权、妨害的不法行为一直处于持续的状态,系物权请求权、支配权请求权,不受诉讼时效及除斥期间的限制。

二、被告存在违法事实,原告有权要求被告排除妨害、消除危险,使其违法妨害恢复到不受侵害的完整状态

根据《中华人民共和国民法典》第一千一百六十七条"侵权行为危及他人人身、财产安全的,被侵权人有权请求侵权人承担停止侵害、排除妨碍、消除危险等侵权责任"的规定，原告对房屋享有合法的物权，有权要求排除他人在该房屋上的不法妨害行为。原告请求被告排除妨害、消除危险、恢复原状，证据充分、理由充足，符合法律规定。被告应依法承担相应的民事责任。

根据《中华人民共和国民法典》第二百三十六条规定："妨害物权或者可能妨害物权的，权利人可以请求排除妨害或者消除危险。"原告系自建房屋的物权人，原告主体适格，由于被告的原因导致原告的房屋无法正常居住生活，致使原告的物权行使受到妨害并具有现实危险，且妨害的不法状态至今仍然在持续当中，被告对妨害的除去具有支配力，被告主体适格。

综上所述，原告已提供充分的证据证明被告的侵权行为违法，被告不法妨害的行为给原告的合法权益造成了严重的侵害，本着公平公正法治的原则和理念，被告应当就其违法行为承担相应的法律责任，以保障公民的合法权益得以实现。

42. 对涉案财产处置的刑事判决事实，能否提起民事诉讼？

□ 孙向阳

【案情简介】

2018年5月，某区人民法院对于身为银行职员的王某作出构成职务侵占罪的刑事判决。判决认定王某利用职务之便侵占银行资金，并将侵占的资金分别出借给范某、迟某和张某三人。法院在判处王某有期徒刑的同时，判决"被告人侵占的资金予以追缴并退赔被害单位"。刑事判决移交执行后，被害单位被告知刑事判决中出借给三人的资金和三人已经归还的资金数额没有清晰显示，而无法执行。被害单位为此提起民事诉讼，请求确认被告人王某出借给范某、迟某和张某以及三人尚未归还王某资金的具体数额。

【处理结果】

裁定驳回起诉，二审维持上诉。

执行法院采纳律师意见，之后案件被恢复执行。

【律师解读】

律师代理之后，调阅了刑事审判卷宗。阅卷发现刑事判决认为部分的事实，虽然没有清晰显示被告人王某向另外三人出借和已被归还的精确资金数额，但从卷宗中的诉讼材料中，可以计算得出出借和归还的具体数额，从而得出应予追缴的资金数额，属于能够实际执行的情形。律师同时提出，如果借款人对于依据卷宗证据计算所得数额存在争议，可以在执行异议程序中予以解决。

本案涉及刑事涉案财产处置和执行、刑事和民事诉讼程序的适用、以及被害人申请刑事涉案财产执行的救济途径等民刑交叉的法律问题。对于本案涉及的民刑交叉事项的分析解读，包括以下几个方面：

一、违法所得依法应予追缴的财产范围

本案职务侵占的资金被借出，不属于依据借款合同进行民事诉讼解决的争议问题。《最高人民法院关于刑事裁判涉财产部分执行的若干规定》第十一条规定"被执行人将刑事裁判认定为赃款赃物的涉案财物用于清偿债务、转让或者设置其他权利负担，具有下列情形之一的，人民法院应予追缴"，其中第（二）项明确"第三人无偿或者以明显低于市场的价格取得涉案财物的"。本案职务侵占的违法所得被借出，就借用而言如果约定存在利息属于有偿使用；但就取得而言，借出的资金属于无偿取得的情形，应当据此规定予以追缴。违法所得资金处置的去向属于依法应予追缴情形的，不属于民事诉讼争议解决的问题。

二、关于借款合同或者协议的法律效力

在违法所得资金或财物被以合同行为被处置的情况下，往往会产生合同是否具有法律效力的争议，这一争议关系到被害人或是权利人能够实现财产权利的数额。作为违法所得处置后的财产追缴属于刑事涉案财产的处置，刑事判决应当依据刑法第六十四条的规定作出处理，这一刑事程序的处理不涉及对于合同效力的民事评判，只需按照刑事的规则进行。尽管刑事判决和财产执行的财产数额通常会依据具有法律根据的合同约定进行，但刑事判决本身对于合同效力问题仍然不作评判。

三、刑事和民事案件的同一事实的认定

本案刑事判决对于职务侵占犯罪构成的违法所得数额认定清楚，而作为违法所得资金去向的出借情况并未予以综合认定阐述，但判决依据的卷宗证据和"违法所得予以追缴并退赔被害单位"的判决事项表明违法所得资金被借出的基本事实。刑事案件中的这部分基本事实与被害单位之后提起的民事诉讼事实的主体、内容和标的是完全相同的，属于民事和刑事诉讼所指"同一事实"。对于"同一事实"的情形，已有生效判决约束，根据"一事不再理"的原则，法院对于刑事判决已经认定属于"违法所得予以追缴"的、形成于相同当事人之间的同一资金出借关系不应予以受理，受害人的民事权利应当通过刑事追赃、退赔的方式解决。

四、刑事涉案财产执行的权利救济途径

根据《最高人民法院关于刑事裁判涉财产部分执行的若干规定》第十五条关于"执行过程中，案外人或被害人认为刑事裁判中对涉案财物是否属于赃款赃物认定错误或者应予认定而未认定，向执行法院提出书面异议，可以通过裁定补正的，执行机构应当将异议材料移送刑事审判部门处理；无法通过裁定补正的，应当告知异议人通过审判监督程序处理"的规定，作为本案的被害单位应当向执行法院提出书面异议，首先通过裁定补正的方式解决。本案能够从刑事卷宗证据材料中计算得出出借和归还的资金数额，判决事项又有明确予以追缴退赔的内容，虽然判决表述并不清晰明确，但也不属于必须再行补正才能实际执行的情形。如果作为借款人对此提出不同意见，则可按照该规定第十四条关于"执行过程中，当事人、利害关系人认为执行行为违反法律规定，或者案外人对执行标的主张足以阻止执行的实体权利，向执行法院提出书面异议的，执行法院应当依照民事诉讼法第二百二十五条的规定处理"解决。当然如果异议程序中发现作

为执行根据的刑事判决无法补正执行的，再按审判监督程序处理。

43. 包装箱使用"阿克苏苹果"等标识，为何不构成商标侵权？

□ 董园园

【案情简介】

阿克苏地区苹果协会是第 5918994 号地理标志证明商标的注册人，核定使用商品为第 31 类苹果，经续展，目前该商标尚在注册有效期限之内，专用权期限至 2029 年 1 月 20 日。

阿克苏地区苹果协会认为某市兴某蔬菜水果商行（简称兴某商行）销售的苹果包装箱上使用"阿克苏苹果""阿克苏"标识的行为侵犯其上述商标专用权，故将其诉至某市中级人民法院。

本案被告兴某商行主张其销售的涉案苹果是从同在某市农副产品集散中心经营的个体工商户宋氏水果商行购进，而宋氏水果商行销售的涉案苹果来自于阿克苏地区的某县林果专业合作社，其销售的苹果即便使用"阿克苏"字样，也属于正当使用。

【判决结果】

一审法院驳回阿克苏地区苹果协会的诉讼请求。阿克苏地区苹果协会不服一审判决，向某市高级人民法院提起上诉。

二审法院驳回上诉，维持原判。

【律师解读】

兴某商行销售的阿克苏苹果包装箱上使用的文字为"阿克苏""阿克

苏苹果"字样的行为是否侵害了阿克苏地区苹果协会商标专用权?

第一,根据本案兴某商行、宋氏水果行提供的证据均可相互印证,证明兴某商行销售的涉案苹果来自阿克苏某县,属于《商标法》第五十九条第一款规定的"正当使用"。

第二,根据《商标法实施条例》第四条的规定,"以地理标志作为证明商标注册的,其商品符合使用该地理标志条件的自然人、法人或者其他组织可以要求使用该证明商标,控制该证明商标的组织应当允许。"本案中,根据兴某商行和宋氏水果商行提供的证据证明其销售的涉案苹果确实产自阿克苏地区。因此,阿克苏地区苹果协会不能剥夺兴某商行销售的苹果用"阿克苏苹果""阿克苏"来标识苹果产地的权利。

第三,兴某商行所售苹果的包装箱,是宋氏水果商行收购苹果时购买的包装箱,包装箱的整体颜色、包装箱上的字体等都与阿克苏地区苹果协会注册的地理标志证明商标的产品差异很大,且没有阿克苏地区苹果协会注册的地理标志证明商标标识,不足以导致相关公众的混淆和误认。

第四,阿克苏地区苹果协会应该对产于阿克苏地区的苹果是否达到该地理标志应有的特定产品品质具备鉴别能力,而其对兴某商行销售的涉案苹果是否不具备阿克苏苹果特定品质既未发表意见,也未提交证据证明。因此,二审法院不予采纳其关于"地理标志证明商标兼具对产地来源及品质特征的保护,对使用人的产品未达到该地理标志应具有的产品特点的,即使产品是该地理标志真实来源也应禁止使用"的上诉理由。

综上所述,一审法院、二审法院均认定兴某商行销售涉案苹果的行为并未侵害阿克苏地区苹果协会的商标专用权。

44. 信用卡透支消费所欠的全额，如何核算？

□ 张　颖

【案情简介】

2021年1月3日，被告乔某向当地某银行申请信用卡，并亲自填写了信用卡申请表，该申请表背面约定了利息、收费标准、对账单及还款等事项。《信用卡领用合约》中约定："信用卡透支按月计收复利，日利率为万分之五，如有变动按中国人民银行的有关规定执行。"银行按约定向被告乔某核发了信用卡，被告乔某收到信用卡后开通并进行了消费。后被告乔某逾期未还款。截至2021年4月1日，乔某在没有恶意透支情况下，信用卡透支款本金99889.92元、利息4395.16元、滞纳金2398.72元，共计106683.8元。经银行多次催收，被告乔某仍不履行还款义务，该银行为维护自身合法权益，以信用卡纠纷为由将乔某诉至法院。

【判决结果】

判决被告乔某于本判决生效之日起十日内偿还原告某银行信用卡透支款本金99889.92元、利息4395.16元，共计104285.08元；自2021年4月2日起至被告乔某实际履行之日止的透支利息，按照中国人民银行《关于信用卡业务有关事项的通知》规定的日利率万分之五执行；如未按上述判决指定期间履行给付金钱的义务，加倍支付迟延履行期间的债务利息。

【律师解读】

根据《民法典》第509条关于合同履行原则的规定："当事人应当按照约定全面履行自己的义务。当事人应当遵循诚信原则，根据合同性质、目的和交易习惯履行通知、协助、保密等义务。"本案中，乔某向某银行申请办理信用卡，承诺遵守《信用卡领用合约》及其补充合约的各项规则，并与银行达成合意，应属有效协议。故乔某在进行透支消费后，未按照约定及时偿还透支款，构成违约，乔某应按照合同约定履行本金、利息的支付义务。乔某支付利息的期限应根据《民法典》第674条关于借款人支付利息期限的规定予以执行。

乔某逾期未偿还的本金和利息，应根据《民法典》第676条对借款人逾期返还借款责任的规定："借款人未按照约定的期限返还借款的，应当按照约定或者国家有关规定支付逾期利息。"继续偿还本金、利息和逾期利息。

中国人民银行于2017年1月1日起施行的《关于信用卡业务有关事项的通知》下调了信用卡透支利率等标准，并明确取消信用卡滞纳金，所以乔某无须支付滞纳金部分。

乔某在使用信用卡透支消费后，存在不予归还透支本息的违约行为。本案中，双方当事人在《信用卡领用合约》中约定："信用卡透支按月计收复利，日利率为万分之五，如有变动按中国人民银行的有关规定执行。"所以自本案审理终结后，即2021年4月2日起的透支利息，应按照中国人民银行《关于信用卡业务有关事项的通知》规定的日利率万分之五执行。

若乔某未按法院判决指定的期间履行给付金钱的义务，则须根据《民事诉讼法》第253条规定："被执行人未按判决、裁定和其他法律文书指定的期间履行给付金钱义务的，应当加倍支付迟延履行期间的债务利息。"因此乔某需按法律规定加倍支付迟延履行金。

第二部分 刑事法篇

45. 某公司及林某某等非法采矿一案，二审为何发回重审？

□ 韩英伟

【案情简介】

2013年至2018年间，厦门市某区被告单位某公司、直接负责的主管人员被告人林某某、梁某A、梁某B违反矿产资源法的规定，超越采矿许可证规定的范围越界非法采矿。2013年至2018年间，被告人林某某、梁某A另合伙经营H采石场，违反矿产资源法的规定，超越采矿许可证规定的范围越界非法采矿。经鉴定：被告某公司非法开采矿产品价值24,784,064元，被告人林某某、梁某A非法开采矿产品价值85,403,639元，被告人梁某B非法开采矿产品价值1,275,632元。

【判决结果】

1. 一审判决如下：（1）被告某公司犯非法采矿罪，判处罚金人民币二十万元。（2）被告人林某某犯非法采矿罪，判处有期徒刑六年八个月，并处罚金人民币八十万元。（3）被告人梁某A犯非法采矿罪，判处有期徒刑五年，并处罚金人民币八十万元。（4）被告人梁某B犯非法采矿罪，判处有期徒刑三年，并处罚金人民币二万元。四被告人不服一审判决，提出上诉。

2. 二审裁定如下：（1）撤销厦门市某区人民法院（2019）闽0212刑初×××号刑事附带民事判决；（2）发回厦门市某区人民法院重新审判。

【律师解读】

当事人对律师的办案经验及专业水平有严格要求，一审期间曾两次变更委托律师。二审期间,当事人经过多方咨询与考察,委托北京市盈科律师事务所韩英伟律师团队承办此案,某公司委托彭坤、于建新律师,林某某委托韩英伟、赵爱梅律师,梁某A委托曹彤龙律师,梁某B委托庞敬涛律师。笔者专业团队肩负当事人的重托,认真研究案情,逐页逐字整理质证意见、会见当事人,到采矿现场实际考察,结合一审判决认定的事实及法律适用问题进行深刻剖析,发现一审判决关键事实不清、程序违法。依据《刑事诉讼法》第五十六条、《刑事诉讼法解释》第一百二十三条、第一百二十四条,《非法证据排除规定》第一条、第二十六条,《防范错案意见》第八条第二款等法律规定,笔者团队向厦门市中级人民法院递交了开庭审理申请书、调取证据申请书、证人出庭作证申请书、侦查人员出庭作证申请书、重新鉴定申请书、非法证据排除申请书、召开庭前会议申请书等。辩护律师与承办法官多次就一审程序违法问题沟通。最终二审合议庭采纳了律师一审程序违法的辩护观点,该案以程序违法裁定发回重审。

46. 非法经营获利两亿元,为何在法定刑以下量刑?

□ 袁方臣

【案情简介】

起诉书指控,2005年4月至2006年9月间,被告人孟某作为北京某投资顾问有限公司股东,伙同公司股东及董事长杨某、股东及总经理陶某、股东及副总经理章某等人(均已判决),在公司的经营活动中,为使本公司获取非法利益,未经中国证券监督管理委员会核准,非法接受西安某股份有限公司、某科技股份有限公司、西安某股份有限公司自然人股东的委托,在北京市朝阳区等地及河北省向社会群众公开代理销售上述股东持有的未上市原始股股权,已查明共计销售未上市原始股6000余万股,非法经营获利达人民币 2 亿余元。被告人孟某后被抓获归案。公诉人提出的量刑建议为有期徒刑 6 至 9 年。

【判决结果】

一审判决被告人孟某犯非法经营罪，判处有期徒刑两年六个月，罚金人民币 50 万元。

【律师解读】

《刑法》第二百二十五条规定："未经国家有关主管部门批准非法经营证券、期货、保险业务的，或者非法从事资金支付结算业务的，情节特别严重的，处五年以上有期徒刑，并处违法所得一倍以上五倍以下罚金或者没收财产。"本案非法经营获利 2 亿余元，属于情节特别严重。

本案辩护成功的关键，是向法庭证明被告人具有减轻处罚的情节。笔者通过会见、阅卷，依据事实和法律规定，提出如下辩护意见：

1. 孟某是被动的挂名股东，在共同犯罪中起次要、辅助作用，是从犯，应当对其减轻处罚。一是孟某未实际出资，股东身份为法定代表人，是因其专业技能突出而赠与的干股形成，对该公司无实际控制权；二是其未参与代理西安三家公司的股权转让业务的考察、谈判和决策；三是未参与该公司非法销售未上市股份公司股权的行为；四是只负责使用该公司资金从事股票二级市场交易获利，按照指令开展股票交易知识培训，与其他股东相比获利（分红）最少。

2. 孟某认罪认罚、积极退赔非法所得，建议适用缓刑；其认罪态度较好，能如实供述自己的行为，应当对其减轻处罚。孟某主动退赔全部非法所得，最大限度地赔偿被害人的损失，在量刑上应当给其以更大优惠。并且孟某还就分公司股东杜某的情况进行举报，具有立功表现，也应从轻或者减轻处罚。

3. 孟某具有法定减轻处罚情节，应当在法定刑以下判处刑罚，并且应当在法定量刑幅度的下一个量刑幅度内判处刑罚。笔者请求法庭，应遵循宽严相济的刑罚原则，充分考虑孟某的从犯地位、认罪态度、退赃情节、立功表现等情节，按照认罪认罚从宽制度规定（试点）对其作轻缓处理。在对孟某具体裁量刑罚时，建议法院判处孟某缓刑，不能机械地套用法条，坚持以事实为根据、以法律为准绳，也是罪刑相适应原则的必然要求。合议庭听取了辩护人的辩护意见，没有采纳检察院六至九年有期徒刑的量刑建议，一审判处孟某有期徒刑两年六个月。

虽然一审判决未对孟某适用缓刑，但本案辩护效果显著，被告人没有上诉。

47. 千万元"奖励"惹事端，数罪并罚为何获缓刑？

□ 李亚普

【案情简介】

张甲为某省国有公司高管。张甲在 2006 年至 2008 年 7 月间依照公司领导的指示和市场部的安排，将自己管理的账户里的资金以奖金的名义发放给本公司及下属公司员工，至案发共计发放 15,846,587.34 元。

另外，张甲 2007 年 8 月至 2008 年 4 月间还将自己管理的账户里的资金分别出借给刘乙、赵丙 130 万元。

该案由某省高级人民法院指定某县人民法院审理。2014 年 11 月 12 日，某县人民检察院以张甲犯挪用公款、私分国有资产罪向某县人民法院提起公诉。李亚普律师为张甲的辩护人。

【判决结果】

判处张某挪用公款罪，二年六个月刑期，以私分国有资产罪定罪但免于刑事处罚,最终判决张甲有期徒刑二年六个月,缓刑三年。

【律师解读】

笔者提出,公诉机关指控的张甲挪用公款罪的案发是其因私分国有资产罪被传唤到案后,自己主动交代才被发现的,挪用公款罪应为自首。

同时,张甲在参与私分国有资产犯罪过程中,因其是一般办事人员,只是按照公司领导指示和安排实施奖金的发放工作,所起作用较小,犯罪情节轻微。

根据《刑法》第三百八十四条规定:"国家工作人员利用职务上的便利,挪用公款归个人使用,进行非法活动的,或者挪用公款数额较大、进行营利活动的,或者挪用公款数额较大、超过三个月未还的,是挪用公款罪,处五年以下有期徒刑或者拘役;情节严重的,处五年以上有期徒刑。挪用公款数额巨大不退还的,处十年以上有期徒刑或者无期徒刑。"根据《刑法》第三百九十六条规定:"国家机关、国有公司、企业、事业单位、人民团体,违反国家规定,以单位名义将国有资产集体私分给个人,数额较大的,对其直接负责的主管人员和其他直接责任人员,处三年以下有期徒刑或者拘役,并处或者单处罚金;数额巨大的,处三年以上七年以下有期徒刑,并处罚金。"

笔者对此案的办案体会,有两点。1. 一辩自首获认定。笔者发现,公诉机关指控的张甲挪用公款罪的案发是其因私分国有资产罪被传唤到案后自己主动交代后才被发现的,挪用公款罪应为自首。2. 二辩情节轻微免于罚。关于私分国有资产罪,张甲在参与私分国有资产犯罪过程中,因其是一般办事人员,只是按照公司领导指示和安排实施奖金的发放工作,所起作用较小,犯罪情节轻微。最终,法院采纳了笔者的辩护意见。

任何案件都有突破口,只有对症下药,不拘于形式,不照搬课本,才能发现问题,找到突破口,也才能为当事人争取到最大的利益。

48. 都是贪污"大老虎",为什么赖某民被判处死刑?

□ 康文平

【案情简介】

2008年至2018年,被告人赖某民利用担任原中国银行业监督管理委员会办公厅主任,原中国某资产管理公司党委副书记、总裁,中国某资产管理股份有限公司党委书记、董事长兼某湘江银行股份有限公司党委书记等职务上的便利,以及职权和地位形成的便利条件,通过其他国家工作人员职务上的行为,为有关单位和个人在获得融资、承揽工程、合作经营、调动工作以及职务提拔调整等事项上提供帮助,直接或通过特定关系人非法收受、索取相关单位和个人给予的财物,折合人民币共计17.88亿余元。其中1.04亿余元尚未实际取得,属于犯罪未遂。

2009年底至2018年1月,赖某民利用担任原中国某资产管理公司党委副书记、总裁,中国某资产管理股份有限公司党委书记、董事长兼某湘江银行股份有限公司党委书记等职务上的便利,伙同特定关系人侵吞、套取单位公共资金共计人民币2513万余元。此外,赖某民在与妻子合法婚姻关系存续期间,还与他人长期以夫妻名义共同居住生活,并育有子女。

【判决结果】

2021年1月5日,某市第二中级人民法院公开宣判由某市人民检察院第二分院提起公诉的中国某资产管理股份有限公司原党委书记、董事长赖某民受贿、贪污、重婚一案,对被告人赖某民以受贿罪判处死刑,剥夺政治权利终身,并处没收个人全部财产。

【律师解读】

在以往的经济案件中，通常不会判处犯罪嫌疑人死刑。因为在《刑法》修正案（9）中增设了"终身监禁制度"，对于贪污受贿人员，如果金额巨大且情节恶劣的，一般会被判处终身监禁，不得减刑、假释。

所以，是不是因为赖某民案件数额过于巨大，甚至超过了10亿元才被判处死刑的呢？

其实不然，根据《刑法》第48条规定，死刑的适用标准是犯罪分子的"罪行极其严重"，而仅因贪污受贿金额巨大是不足以断定其"罪行极其严重"，通常还会考虑社会影响，以及是否给国家和人民利益造成特别大的损失等因素。

结合赖某民的所做所为，就不难理解为什么他不值得被宽恕了。据悉，赖某民有3笔数额非常巨大的受贿事实，分别为2亿元、4亿元和6亿元。不仅如此，赖某民还经常向他人索贿、滥用职权、为他人谋取不正当利益等，严重危害国家金融安全与稳定，社会影响恶劣。

最为可恨的是，在高压反腐的当下，赖某民不仅没有收手，还愈发猖狂，完全没有反省的意思。综合考虑其犯罪的恶劣性质，才判处其死刑。

49. 盗窃超市商品构成犯罪，检察院为何相对不起诉？

□ 张印富

【案情简介】

2021年3月间，甲某在乙超市内，先后数次以部分扫码、部分不扫码、删除已扫码商品的方式盗窃牛奶、巧克力等食品，被盗商品售价人民币数百元。甲某再次在上述地点以同样方式盗窃牛奶、椰子等超市商品时，被超市人员当场发现，后超市人员报警，甲某被民警查获。甲某对自己的上述行为供认不讳。后甲某及其家属赔偿被盗超市损失，取得了超市的谅解。2021年3月，甲某因涉嫌盗窃罪，被北京市某区公安局刑事拘留。2021年5月，公安机关以涉嫌盗窃罪向人民检察院移送审查起诉。笔者接受委托后，作为甲某的辩护律师积极与办案人员沟通，了解案情，提交《律师意见》和《不起诉决定申请书》。

【处理结果】

检察机关采纳了律师的意见，依法决定对甲某相对不起诉。

【律师解读】

笔者接受甲某的委托后，经检索裁判文书网关键词，某自助结账超市发生不扫码、删除已扫码方式盗窃案件数量令人惊讶，2018年还是个位数，2019年就是二位数，2020年是三位数，2021年第一季度就已经达到三位数，这仅是已搜到的案件数量，未检索到的案件不得而知。但能确定的是每发生一起刑事案件，就增加一个有犯罪记录的人，仅一个乙某超市，一年就发生数百起案件，产生数百个犯罪分子。而被判决犯罪的人，要为自己的一时行为一生买单，有的人因此影响一生，教训和警示非常深刻。

一、法律意识不可无，侥幸心理不可有

盗窃罪是生活中最常见的罪名之一，随着科技的进步，现在大型超市利用信息技术多采用自助结账，使得一些法律意识不强抱有侥幸心理的顾客，以身试法窃走商品。根据《刑法》第二百六十四条规定："盗窃公私财物，数额较大的，或者多次盗窃的，构成盗窃罪，处三年以下有期徒刑、拘役或者管制，并处或者单处罚金。"根据最高人民法院、最高人民检察院《关于办理盗窃刑事案件适用法律若干问题的解释》第一条规定："盗窃公私财物价值一千元至三千元以上的应当认定为'数额较大'；第三条规定，二年内盗窃三次以上的，应当认定为'多次盗窃'。"即盗窃数额

不论多少，如果在二年内盗窃三次以上，就构成现行刑法规定的盗窃罪。在超市盗窃案中，行为人大都自认为超市无明显监控、安保人员无法发现、所盗商品亦不贵重，为贪图小利在结账时不扫码、不完全扫码、删除订单，自以为可以"瞒天过海"，实际已经走上违法道路。正是因为有贪占便宜的侥幸心理，使得行为人一而再、再而三地"浑水摸鱼"，最终因"多次"盗窃构成犯罪。超市商品单个价格虽少，但盗窃性质严重。本案中甲某的行为，就是由于贪图小便宜，发生了不该发生的事情。

二、积极辩护争取不起诉，相比法院无罪辩护能达到更好地效果

不起诉，是指人民检察院在审查起诉后做出不将案件移送人民法院审判而终止诉讼的决定。

不起诉可分为三种：法定不起诉（绝对不起诉）、相对不起诉（酌定不起诉）、存疑不起诉（证据不足不起诉）。根据《刑事诉讼法》第177条、第175条规定："人民检察院认为犯罪嫌疑人依法不应追究刑事责任的，应当作出不起诉的决定。对于犯罪情节轻微，依照刑法规定不需要判处刑罚或者免除刑罚的，人民检察院可以作出不起诉的决定。对于补充侦查的案件，人民检察院仍然认为证据不足，不符合起诉条件的，可以作出不起诉的决定。"

对于发生在超市内的盗窃案件，盗窃的多是生活日用品，单次数额不大，但累计多次盗窃，即构成盗窃罪。这类犯罪嫌疑人多是法纪意识淡薄，贪图小便宜，一旦犯罪行为发生，认罪认罚是必要的，但有的爱面子不好意思告诉家人，有的不想让他人知道，也不知道怎样处理，有的处理不好，还衍生出其他问题。法律赋予涉嫌犯罪人一旦被采取强制措施，享有辩护和委托辩护人辩护的权利。实务中，有专业人员的帮助与没有专业人员的帮助相比较，往往结果大不一样。专业律师的辩护不止在法庭，还可以在检察院审查起诉阶段，向检察院提出辩护意见，争取检察院不移送法院审判，比法院阶段无罪辩护能达到更好地效果。本案中，甲某及家属及时委托了辩护律师，辩护律师接受委托后，积极了解案情，向办案机关陈述律师意见，主张甲某系初犯、到案后能如实供述犯罪事实、认罪悔罪态度良好、犯罪数额较小、盗窃物品均为食品、已赔偿被害单位并取得谅解等情形,属于犯罪情节轻微,符合刑法不需要判处刑罚之规定,最终检察机关采纳辩护人意见,对甲某决定相对不起诉。甲某认罪悔罪,认真吸取教训,取得了较好的效果。

三、受害单位超市亦应当反思,加强管理,及时发现阻止犯罪现象的发生,导致多次发生盗窃,也存在不足

第一,"自助结账"等新型智能化支付途径在便捷消费的同时,也降低了商家人力成本。商家在享受利益的同时,有监督检测的职责。法律规定在一定期限内盗窃三次即构成盗窃罪,但商家不能在法律规定的不构成"盗窃罪"的法定次数内及时发现和制止,而在符合法律规定的构成"盗窃罪"的法定次数后发现;事前不能及时发现,事后能准确调出之前的"盗窃行为"并及时报案。商家这种借助公安机关维护自身经济利益,打击犯罪固然没错,但也不能免除自身及时发现制止的管理责任。

第二,超市利用现代信息技术无人售货是一种新型超市,人们适应新鲜事物要有个过程。相对来讲,超市的监管人员更熟悉超市自助结账方式的运营和防盗窃技术的缺陷,顾客偷取物品,商家专职人员未能够及时发现和制止,放过了前二次的"盗窃"行为,客观上纵容了行为人向构成盗窃犯罪的边缘靠拢。

第三,超市未有更多的防盗窃宣传和及时的监控手段,管理不到位。仅一个某乙超市近两年来就有数百起盗窃案件发生,作为一个超市成为相对高发盗窃罪的作案场所,即便没有相关机关的责令改正建议或处罚,也应该自我反思。法律的实施既包括惩罚犯罪,也包括保护人民减少犯罪。很多没有前科的人因到超市消费购物最终构成犯罪,受到刑事处罚,不仅影响个人前程,也影响整个社会。如果超市存在"引诱犯罪"或"钓鱼执法"的情形,从某种程度上讲,就是另当别论了。本案中,甲某的行为固然违法,但乙超市未及时发现制止,亦有不当之处。在笔者代理本案期间,关注到该超市又有类似案件发生,为什么屡屡发生。如果要一个人用在一个超市盗窃数次累计几百元的行为,为自己一生买单,这样的代价明显太大了。商家经营追求自身经济效益,固然没错,但也应当尽消除引发犯罪因素的社会义务。

50. 吕某假冒警察身份骗款，法院为何仅认定为诈骗罪？

□ 韩英伟

【案情简介】

2017年下半年，被告人吕某虚构身份，化名陈某，利用伪造警察证照片以及身穿警服的照片，骗取被害人谢某的信任，以"谈恋爱"为名，欺骗谢某先后在某市各银行办理了六张信用卡交给其使用。2018年2月至8月期间，吕某使用谢某的六张信用卡透支或套现人民币共计198,049.5元，并通过微信转账骗取谢某23610元，合计骗取221,659.5元。其后拉黑谢某，逃避还款责任。2019年1月15日，吕某被公安机关抓获。

【判决结果】

法院判决被告人吕某犯诈骗罪，判处有期徒刑四年，并处罚金人民币五万元；责令被告人吕某退赔被害人谢某人民币221,659.5元。

【律师解读】

1. 被告人吕某行为同时构成诈骗罪和招摇撞骗罪。

诈骗罪是指以非法占有为目的，用虚构事实或者隐瞒真相的方法，骗取数额较大的公私财物的行为。而招摇撞骗罪是指为谋取非法利益，假冒国家机关工作人员的身份或职称进行诈骗，损害国家机关的威信及其正常活动的行为。招摇撞骗罪与诈骗罪，两者都表现为欺骗行为，且招摇撞骗罪也可以是诈骗罪骗取财物。招摇撞骗罪与诈骗罪之间存在交叉和重合关系。

本案有证据证明被告人吕某具有对外冒充警察的行为，并通过虚构的警察身份，骗取被害人谢某的信任从而骗款，符合招摇撞骗罪构成要件。但同时"冒充国家工作人员"也属于诈骗罪的欺骗行为方式之一，即"虚构事实"。虚构国家工作人员身份，欺骗他人，致使他人产生错误认识而处分财物，行为人因此取得财物的行为，吕某的行为也满足诈骗罪的构成要件。

因此，被告人吕某利用被害人谢某对其警察身份的信任以及欲与之建立稳定恋爱关系的目的，诈骗被害人财物，其行为同时构成诈骗罪和招摇撞骗罪。

2. 同时构成两罪，为何对被告人吕某仅定诈骗罪呢？

在行为人冒充国家工作人员的身份或职称骗取财物的情况下，同时触犯了两个罪名，属于想象竞合犯。在竞合情形时，需要择一判处刑罚。

根据《最高人民法院、最高人民检察院关于办理诈骗刑事案件具体应用法律若干问题的解释》第八条规定："冒充国家机关工作人员进行诈骗，同时构成诈骗罪和招摇撞骗罪的，依照处罚较重的规定定罪处罚。"本案被告人吕某骗取被害人谢某221,659.5元，数额巨大。诈骗罪的法定刑为三年以上十年以下，并处罚金，而招摇撞骗罪没有罚金的规定。因此，诈骗罪是重法条，本案被告人吕某的行为应以诈骗罪论处。

51. 合同诈骗罪数额特别巨大，为何取保候审？

□ 原东峰

【案情简介】

李某在北京某城区开办了某教育培训机构，一开始招生尚可。运营一段时间后，李某发现虽然生源可以，但所在地段租金费用很高，再加上师资费用等运营成本较大，导致入不敷出。于是，李某在没有提前通知学生及家长的情况下，将机构搬至某郊区继续运营，仅在原经营场所张贴了搬家通知，并留下用于进一步沟通的联系电话。

此案影响到了几十名学生及家长,涉案金额近百万。学生家长在多次协商无果的情况下,向公安机关报案,公安机关以合同诈骗罪立案,将李某刑事拘留。

【处理结果】

检察院采纳了律师的意见,作出不批准逮捕决定,嫌疑人取保候审。

【律师解读】

李某家属委托北京市盈科律师事务所原东峰律师为其辩护。笔者接受委托后,第一时间前往看守所会见了嫌疑人。当时,嫌疑人非常绝望,情绪很低落,会见过程中,数次声泪俱下。经了解得知,同监室的人都说,这样的涉众案件,办案机关有压力,提前释放的可能性几乎为零,而且此案定诈骗问题不大,涉案金额又特别巨大,得判十年以上。

笔者在向其详细了解案件细节后,认为办案机关定性错误,此案属于经营失败后产生的经济纠纷,而不属于恶意的合同诈骗行为,不能因为涉及人数较多,社会影响大,就以刑事手段介入经济纠纷。笔者为嫌疑人做了专业的法律分析,剖析了其行为不符合合同诈骗罪的构成要件,讲解了此案在定性上辩护空间很大,缓解了其焦虑情绪,为其重新树立了信心。

笔者进行了具体的法律法规和案例检索,并在团队研讨的基础上撰写了律师意见书递交给侦查机关。同时,向检察院递交了不批捕律师意见书,并多次就案件的定性问题与承办人进行了深入交流,嫌疑人最终被取保。

法律风险无处不在,处理合同纠纷应心存敬畏,要有负责的态度,不能任性为之。本案嫌疑人遭受牢狱之苦,与其法律风险意识淡薄,不负责任的态度有直接的关系。即使经营困难,也应该与学生家长充分沟通协商,而不应一走了之。好在,嫌疑人没有非法占有的主观恶意,一直从事培训行业进行实体经营,也不存在主体、资质文件方面的虚假情况。最关键的是,嫌疑人虽然突然搬走,但是留了沟通电话,且在郊区承租了办公场所继续经营，并未逃匿，使得本案客观上存在一定的辩护空间，但最终出罪也实属惊险。

52. 高某涉嫌诈骗案，为何不批准逮捕？

□ 王　源

【案情简介】

高某系某科技有限公司员工，其被指控在2019年3月22日至2020年5月27日期间，主导并指使其他三名员工，冒充知名公司员工进行高报价，再以本公司名义报低价诱骗客户签署合同，虚假承诺，夸大产品效果，骗取客户信任购买公司产品，客户分31次汇款，汇款至公司近50万元。高某涉嫌虚构事实隐瞒真相，造成客户巨大财产损失。2020年7月4日，高某及同公司的三名员工因涉嫌诈骗罪，被刑事拘留。韩冬平律师、王源律师担任主犯高某的辩护人。

【处理结果】

某市某区检察院最终采纳了辩护律师不予批捕的法律意见，于2020年08月28日，对高某涉嫌诈骗案作出决定，决定对高某不批准逮捕。

【律师解读】

诈骗罪不同于民事欺诈，需要与经济纠纷严格区分开来。辩护律师通过与高某所在公司、高某家属的沟通，以及会见嫌疑人高某详细了解情况后，认为高某不构成诈骗罪。

本案中，要想为高某摘下诈骗罪的帽子，合同的履行情况至关重要。辩护律师多次与高某所在公司详细沟通，重点指导搜集了公司合同履约能力和履行行为的证据线索，要求其提供全部合同、每一笔款项的支付情况、资金流向、每一份合同的履约情况留痕及成果。

在公安侦查阶段，辩护律师向公安机关递交了取保候审申请书，但是取保申请被拒绝。公安机关提请人民检察院对高某审查批准逮捕时，辩护律师申请与检察官当面沟通，将辩护律师不予批捕的法律意见向检察官进行了充分阐释，详细论证了客观方面，某科技有限公司及嫌疑人有履约能力和履约行为；主观方面，嫌疑人无非法占有，逃避履约义务的主观目的。高某代表所在公司与客户签署合同，对合同条款均认可并愿意支付相应对价，一直在积极履行合同义务。被害人也未丧失其他救济途径，对嫌疑人定罪违背刑法的谦抑性原则，并向检察院提交了书面意见。同时，辩护律师争取到与公安机关当面沟通的机会，展示了公司的合同履约情况，将辩护律师的意见进行了阐述，请公安机关将公司提交的证据线索向检察院进行移送。

辩护律师认为，不应对高某进行批捕：

一、本案不符合"有证据证明有犯罪事实"的批准逮捕法定条件。本案没有达到必须对犯罪嫌疑人采取逮捕措施的程度

根据本案现有证据，难以形成认定有证据证明有犯罪事实、犯罪嫌疑人构成犯罪的证据锁链。本案系某科技有限公司与北京某工程有限公司之间的合同纠纷，双方签署了多份服务合同，约定某科技有限公司为北京某工程有限公司提供商标注册、网站搭建、商城、推广、证书认证、域名等服务。

本案中，合同完备，各方意思表示真实，嫌疑人及所在公司一直在积极履行合同，并已经取得了一定的效果，在合同期限未满前，尚且不构成合同违约，更不能轻易将其上升为刑事犯罪的高度。辩护律师会见了高某，高某也表示，并不认为自己构成犯罪，自己和单位设计、客服部等也一直在积极履行合同义务。

二、高某无虚构事实隐瞒真相的客观行为，不符合诈骗罪的客观构成要素

根据我国刑法对诈骗罪的规定和刑法的一般理论，诈骗罪的客观构成要素包括四个要素：欺诈行为、错误认识、财产处分和财产损失，上述四个要素是依次递进的因果关系，四要素缺一不可。

（一）高某无欺诈行为，被害人没有陷入错误认识

合同是经双方合意的真实意思表示，合同真实，公司有履约能力和履约行为，提供服务内容真实。白纸黑字的合同意思表示直观无歧义，是建立在客户自愿接受的基础之上签署。合同定价基于市场行情，所定价格为市场公允价甚至低于市场价格，合同所载明的服务内容，是公司有能力提供的服务内容。合同载明的服务内容，有大部分合同公司已提供服务并取得了官方或者第三方的证书资质，有少量合同正在提供服务，嫌疑人所在公司提供了服务过程的留痕记录等具体信息。公司提供的是客观服务，并未承诺服务效果，特别是推广这项内容，效果判断是非常主观的，不能仅仅因为被害人公司业绩不好就将此责任归咎于嫌疑人。

客户主动寻求合作。经会见嫌疑人，嫌疑人表示除了第一次商标合同是通过"企查查"搜索，主动联系的客户北京某工程有限公司，其他服务内容是北京某工程有限公司主动询问要求的服务项目。甚至有很多北京某工程有限公司主动提出的服务项目是嫌疑人所在公司没有的，对于此部分业务，嫌疑人明确表示公司没有此项业务，直接予以拒绝，并未达成合作。客户也签署了合同，对口头沟通的内容予以书面确认，并没有陷入错误认识。

（二）被害人无错误的财产处分和财产损失

本案中，基于嫌疑人公司的服务内容，被害人主动邀约愿意支付对价，并未错误处分自己的财产。公司有履约行为，查阅合同可见，每笔合同对应的金额都不高，且都有明确具体的服务内容和服务期限。根据嫌疑人所在公司提供的证据线索可见，每笔合同都有对应的服务留痕。公司在积极履行合同，北京某工程有限公司也实际享有了相关的服务，并无财产损失，嫌疑人及所在公司是否构成违约尚有争议。

三、高某无主观占有北京某工程有限公司财物的主观目的

公司一直依法运营，具备服务内容相关的全部资质和上级服务商的授权。高某作为公司员工，也是一直兢兢业业，与客户关系良好，客户每笔

付款全部打入某科技有限公司的公户。根据某科技有限公司提供的证据线索和会见嫌疑人高某了解，高某与北京某工程有限公司一直关系不错，客户北京某工程有限公司在案发前从未找嫌疑人高某或者其所在公司沟通过对服务不满或者要求退费的问题。很明显，本案属于经济纠纷，在北京某工程有限公司未尝试过其他救济途径的情况下，直接将其上升为刑事犯罪，也与刑法谦抑性原则相违背。

四、基于本案事实，如犯罪嫌疑人高某行为构成犯罪，也非常可能被判处管制、拘役或缓刑，不符合批准逮捕条件

根据《最高人民法院关于常见犯罪的量刑指导意见》，积极赔偿被害人经济损失并取得谅解的，综合考虑犯罪性质、赔偿数额、赔偿能力以及认罪、悔罪程度等情况，可以减少基准刑的40%以下。本案已取得被害人谅解，某科技有限公司退赔了480,100元；取得了北京某工程有限公司和法人代表赵某的谅解，并于2020年7月24日出具了谅解书，明确表示愿意不再追究高某及某科技有限公司的法律责任，不符合批准逮捕条件。

五、犯罪嫌疑人不具有社会危险性，对其采取取保候审措施足以防止社会危险性行为的发生，亦没有证据证明对高某采取取保候审措施会产生社会危害

本案是经济纠纷，不属于暴力犯罪，对其不予批捕，不会有妨碍刑事诉讼进行的行为，也不存在再次犯罪或实施新的犯罪情形。

本案犯罪嫌疑人高某一贯表现良好，无任何前科劣迹，本次行为系初犯、偶犯。对高某不予批捕，不至于发生社会危害性。

六、对犯罪嫌疑人予以逮捕难以获得良好的社会效果

首先，对犯罪嫌疑人予以逮捕很可能是对正常的经济纠纷与刑事犯罪的混淆，打击公司和员工自主创业和就业的积极性。

其次，高某父母患有疾病，亟需高某履行赡养照料义务。

根据高某家属提供的证据线索，高某母亲出院诊断：高血压3级，短暂性脑缺血发作，左侧大脑中动脉M1段中－重度狭窄，右侧颈动脉起始段闭塞，左锁骨下动脉管腔轻度狭窄。医嘱建议定期复查心电图、心脏彩超等，门诊随访是否行支架手术。高某父亲患有肺气肿合并感染，支气管哮喘。辩护律师认为，根据高某父母病情，亟需有高某的陪伴照顾，及时住院治疗以防止发生危险。特别是高某母亲有心脏问题和高血压，更是不能受到巨大的刺激，并且亟需高某尽孝照料。

笔者认为此案具有典型意义。本案中，高某是涉嫌诈骗罪的主犯，在公安阶段，三名涉嫌诈骗罪的从犯得以取保，而高某却被报请到某区检察院批捕。为了向嫌疑人了解情况核实证据进行法律分析，律师多次到偏远的看守所会见，通过向嫌疑人了解情况，从错综复杂的线索中抽丝剥茧，捕捉到案件关键的线索。为了向办案机关力证律师主张，律师多番了解情况，搜集证据线索，与办案机关多次沟通。本案紧抓合同签署和履行情况，从诈骗罪的客观构成要素欺诈行为、错误认识、财产处分和财产损失入手，向办案机关详细论证了高某不构成诈骗罪的法律意见。

本案中，高某得以成功不予批捕，无疑是辩护律师、嫌疑人、嫌疑人所在公司、嫌疑人家属密切配合的结果。刑事案件关乎人身自由甚至生死，不能因案件复杂、不易沟通或者自我感觉几率小就不去尝试。在每个环节不抛弃、不放弃，稳扎稳打，从实体、程序双管齐下，重视律师调查取证的作用。公安和检察院掌握的往往是对嫌疑人定罪和量刑的证据，但是对嫌疑人无罪或者罪轻的证据，往往依赖于律师进行调查取证，辩护律师要将案件全局进行呈现，提交无罪或者罪轻的证据线索。

嫌疑人被拘留的一个多月，既短也长。短的是，时光如梭，一个多月不过是时间轴的一个数字；长的是，在这一个多月。对高某和其家属来说，每一天、每一时、每一分都是煎熬；对律师来说，则是努力博弈的一个多月。刑事辩护不能承诺结果，但是笔者相信律师都会为了争取好的结果全力以赴，本案在收到嫌疑人高某不予批捕决定，特别是收到刚从看守所被释放的嫌疑人亲自表达的感谢时，内心的激动无以言表。律师最欣慰的时刻，莫过于此。

53. "维权过度"涉嫌聚众扰乱社会秩序罪，为何免予刑事处罚？

□ 娄　静

【案情简介】

2017年11月5日至2018年3月26日期间，被告人黄某等八人以在村里的承包地被某钓鱼湖基地占用为由，多次与钓鱼湖基地负责人协商未果，便组织数十名村民前往钓鱼湖基地，以强拉电动闸门、堆积渣土废石、废旧家具、拉横幅、轮流值守等方式，围堵该基地的出入口，钓鱼湖基地内的多家企业多次组织清理，又多次进行围堵，造成通往基地的道路无法正常通行，致使该基地内的多家企业及个人长期无法正常生产经营。经市价格认定局认定，上述两次围堵给钓鱼湖基地内的企业及个人造成的直接经济损失为人民币60.22万元。

公诉机关认为被告人黄某等六人均系首要分子，其他两人均系积极参加者，应以聚众扰乱社会秩序罪追究其刑事责任。

【判决结果】

法院采纳了辩护律师的意见，最终判决被告人黄某免予刑事处罚。

【律师解读】

黄某家属委托北京市盈科律师事务所娄静律师为其辩护。笔者接受委托后，通过向被告人了解案情、查阅案卷，认为被告人等是因承包地被违法侵占参与的聚众行为，事出有因，存在违法性阻却事由，是以集体抗争的形式表达部分利益主体诉求的行为，尚不足以构成犯罪。依据张军、周道鸾主编的《刑法罪名精释》："对涉及群众利益的事处理不当，或者工作上的失误，以致引起群众闹事的，主要靠改进工作和说服教育，不能动辄以犯罪论处。"娄静律师采用组合出击的刑事辩护策略，首先，进行信息公开，调查钓鱼湖基地建设用地的审批手续，取得的答复是钓鱼湖基地所占地为分批次征收，并且存在少批多占，经审批的土地面积仅为75.6亩；其次，根据《土地管理法》针对钓鱼湖基地实际占用被告人与其他村民土地多达276亩涉嫌少批多占的行为申请查处。

本案法庭博弈中，笔者提出辩护意见，认为公诉机关指控被告人黄某是聚众扰乱社会秩序罪的首要分子的观点不能成立。要点如下：

一、被告人主观上不具备聚众扰乱社会秩序的犯罪故意。本案被告人参与在钓鱼湖钓鱼基地门口的聚集行为，旨在争取到其因土地征收而应得的土地补偿款及相关安置利益，是合理、正当的维权行为，没有实现无理的要求或者发泄不满情绪的主观故意。

二、被告人客观上没有实施本罪所认定的聚众扰乱社会秩序的行为。没有造成有关单位的工作、生产、营业等无法进行的严重后果，且不满足刑法所规定的情节严重的程度要求。起诉书的指控事实认定不清，证据不足。本罪的"严重损失"是入罪条件之一，而本案中对钓鱼湖基地内企业损失的认定，大多为即将支付的场地租金等间接损失。

三、对本罪的客体而言，只有是合法的、正常的生产秩序，才属于本罪中受法律保护的社会关系。被告人等诸多失地农民多次进行维权，究其原因是钓鱼湖基地违法占地，存在以租代征。而时至今日，上述土地征收带来的土地补偿款及相关社会保障安置等问题迟迟未予解决，给被告人等失地农民造成了巨大的财产损失与精神困扰，是造成本案中社会秩序不稳定的消极因素之一。

四、此次集体维权事件是失地村民自发、自愿形成的，被告人虽起到了一定作用，但并非该聚众活动的组织者、策划者，公诉机关将被告人认定为首要分子实属不当。

54. 甲某被追砍反击，为什么不构成正当防卫？

□ 叶晓勇

【案情简介】

甲某借给乙某 1500 元钱，到期后，甲某多次催讨，乙某一直不还。某日，甲某酒后与家人争吵，想到乙某不还钱的事情，心生愤恨，就去找乙某要钱，因想到乙某身体强壮，怕打架吃亏，就带了一把尖刀。到乙某家后，与乙某在门口发生争吵，双方动手互殴，甲某拿出尖刀朝乙某大腿处扎了一下，乙某邻居见状将二人拉开，乙某随即冲到家中去拿柴刀，甲某离开，乙某拿柴刀后追上甲某要砍他，甲某左手挡住柴刀，右手用尖刀刺乙某腹部，将乙某刺伤。经鉴定，乙某大腿被刀刺伤为轻微伤，腹部被刀刺伤为重伤。

【判决结果】

甲某不属于正当防卫，构成故意伤害罪（致人重伤），鉴于其具有自首情节，判处有期徒刑二年。

【律师解读】

在本案中，甲某对乙某实施伤害的行为有两次，认定本案性质的关键点在于前后行为是否独立。如果认定前后行为相互独立，后行为是在前行为已经结束的情况下另外发生的，那从法律评价角度就属于两个事件。后行为如果作为一个独立的事件，那么即使甲某前行为严重侵害了乙某的合法权益，但在前行为已经结束的情况下，乙某应选择报警等合法手段维护自己权益，其再去用刀砍人属于事后报复行为，虽然从朴素情感上看，有可以同情的因素，但从法律上看，却属于非法行为。如果乙某是事后报复，在乙某用刀砍人，严重威胁甲某生命安全的紧急情况下，甲某为保护自己人身安全作出拿刀刺伤乙某的行为，应认定为正当防卫，而且属于刑法规定的无限防卫权（根据《刑法》第 20 条第三款：对正在进行行凶、杀人、抢劫、强奸、绑架以及其他严重危及人身安全的暴力犯罪，采取防卫行为，造成不法侵害人伤亡的，不属于防卫过当，不负刑事责任）。

笔者认为，由当事人的主观方面、案发的时间、空间等因素综合决定，甲某的前后行为应该作为一个整体来看待。甲某构成故意伤害罪（致人重伤）。

首先，从当事人的主观方面来看，在甲某实施前伤害行为被他人拉开后，乙某冲入自己家里，甲某转身离开，虽然甲某此时已有离开的意思和举动，但乙某离开现场的主观心态不是为了结束此次事件，而是回家拿工具回击，使冲突升级。实际上，在这个分离的间隙，乙某后续采取什么举动决定了事件的走向。如果乙某在一定时间内没有行动，甲某得以脱身离去，那么前面的冲突就此结束，在甲某脱身后，乙某再起意去刀砍甲某就要作为另一则事件处理了。但乙某的一连串反应使得事件没有到此结束，而是继续发展升级，最后造成重伤的后果。

从甲某的主观认知来看，虽然是乙某决定了事件接下来的升级发展和前后连续性，但这样的后续发展并没有脱离一般人的见识预期，这种情形的出现甲某作为正常人是可以预见的，对此引发的法律后果，甲某就应该承担责任。

另外，从案件发生的时间和空间因素来看，客观上的短暂停火并不是终结，而是后续打斗得以升级的开始，双方的两次近身打斗虽有短暂的时间间隔，但这个时间间隔没有起到分割事件的拐点作用，却恰恰是连接两次打斗的重要环节，实质上的冲突事件一直是连贯没有中断的，两次打斗的现场也相距只有几米之遥，应视为一个现场区域，甲某并未脱身离开。这样的时空因素，从一般角度来看，都不会认为前面的冲突已经结束，而后再由乙某另外发起一个冲突。前后行为没有各自独立评价的法律价值，不能因为表面上的停顿间隙而机械地割裂开来。这里的开始、间隙以及升级，是一个有机整体，一个冲突事件。当然，在甲某选择离开的情况下，乙某已经脱离被害危险，此时乙某选择拿刀追砍显然也不是防卫行为，但这属于另一个范畴的问题。

55. 张某涉嫌破坏计算机信息系统罪，为何变更罪名？

□ 潘建华

【案情简介】

2018年，张某在网上学习了DDOS攻击的专业知识。2019年至2020年间，张某在境外的服务器上设立三个DDOS攻击网站，向他人有偿提供DDOS攻击服务，违法所得7万余元。后经人举报，2020年6月8日，张某涉嫌破坏计算机信息系统罪被北京市海淀公安分局刑事拘留，后被逮捕。经办案机关统计，张某违法设立网站三个，涉案网站注册账号数累计达一万四千余个。

2020年11月11日，海淀区检察院以张某涉嫌非法利用信息网络罪向海淀区法院提起公诉，量刑建议是一年有期徒刑，并处罚金。

【判决结果】

张某构成非法利用信息网络罪，判处张某有期徒刑八个月，并处罚金人民币五万元。

【律师解读】

一、侦查机关以涉嫌破坏计算机信息系统罪移送审查起诉，辩护律师及时提交法律意见，检方采纳并变更罪名公诉

海淀公安分局的起诉意见书认定：2019年至2020年期间，张某违反

国家规定，对计算机信息系统功能进行干扰，造成计算机信息系统不能正常运行，以张某涉嫌破坏计算机信息系统罪移送检察院审查起诉。

刑法涉及计算机网络犯罪的罪名有非法侵入计算机信息系统罪、破坏计算机信息系统罪、非法利用信息网络罪、帮助信息网络犯罪活动罪等数个罪名，其中破坏计算机信息系统罪是指违反国家规定，对计算机信息系统功能或计算机信息系统中存储、处理或者传输的数据和应用程序进行破坏，或者故意制作、传播计算机病毒等破坏性程序，影响计算机系统正常运行，后果严重的行为。此罪最低刑是五年以下有期徒刑或者拘役，在所有涉及计算机网络的罪名中量刑是最高的。

综合分析案情后，我们认为张某仅设立了DDOS攻击网站，并以向他人出售网站链接为途径获取收益，现有证据无法证实张某本人实施了破坏计算机信息系统的行为，亦无法证实造成严重的损害后果，其行为不符合破坏计算机信息系统罪的犯罪构成，更符合非法利用信息网络罪的犯罪构成，而非法利用信息网络罪的量刑是三年以下有期徒刑或拘役，并处或单处罚金。辩护律师据此向海淀检察院提交了罪名认定不当的法律意见书。

公诉机关采纳了辩护律师的意见，更换了罪名，适用刑期相对较低的非法利用信息网络罪提起公诉。

二、促成被告人认罪认罚，积极参与量刑协商，形成有利于当事人的量刑建议

关于非法利用信息网络罪的法律规定，根据《刑法》第二百八十七条之一"利用信息网络实施下列行为之一，情节严重的，处三年以下有期徒刑或者拘役，并处或者单处罚金：（一）设立用于实施诈骗、传授犯罪方法、制作或者销售违禁物品、管制物品等违法犯罪活动的网站、通讯群组的"。

最高法、最高检《关于办理非法利用信息网络、帮助信息网络犯罪活动等刑事案件适用法律若干问题的解释》规定"非法利用信息网络，具有下列情形之一的，应当认定为刑法第二百八十七条之一第一款规定的'情节严重'：……（二）设立用于实施违法犯罪活动的网站，数量达到三个以上或者注册账号数累计达到二千以上的……"。

本案中，张某设立 DDOS 攻击网站三个，网站的注册账号有一万四千余个，已经符合非法利用信息网络罪的客观要件。根据该罪的法律后果，可能判处三年以下有期徒刑或者拘役，并处或者单处罚金。

笔者团队会见时和张某沟通，建议通过认罪认罚方式争取较轻的判决结果，获张某认可。同时，我们就以下情节进一步和承办检察官沟通，为张某争取较低的量刑幅度：张某在被采取强制措施后，在侦查、审查起诉阶段均如实供述了自己涉嫌的犯罪事实，告知办案机关开设网站的名称，供述真实稳定，不存在翻供的情况，依法构成坦白，为办案机关侦办案件节省了大量的司法资源。

经过辩护律师与检察院的量刑协商，最终检察院的量刑建议为：判处张某有期徒刑一年并处罚金。

三、庭后积极沟通，寻找突破口，在量刑建议基础上进一步降低刑期

在认罪认罚的基础上，能否进一步争取降低刑期幅度，实现当事人合法利益最大化，就需要律师寻找突破口。

根据两院三部《关于适用认罪认罚从宽制度的指导意见》第 17 条之规定，可以通过向被害人赔偿损失、赔礼道歉等方式，取得被害方的谅解意见争取降低刑期。但具体到本案，只有举报人，没有被害人，难以通过上述方式争取较低的量刑幅度。

根据非法利用信息网络罪的刑罚适用，应并处或单处罚金。笔者便以罚金为突破口，和承办法官积极沟通，表示张某愿意提前缴纳罚金，其家属也愿意代缴罚金，作为张某悔罪的一个表现，请法庭在量刑时予以考虑。最终，经过几次沟通和争取，海淀法院在检察院一年有期徒刑的量刑建议基础上，又减少了四个月的刑期幅度，最终判处张某有期徒刑八个月，并处罚金人民币五万元。

通过办理这起案件，辩护律师深感熟悉刑事法律和司法解释是律师执业的基本功，而选对辩护策略，一步步实现当事人合法利益最大化则是辩护律师进行技术型辩护的精髓所在！

56. 胡某非法吸收公众存款，再审为何改判无罪？

□ 袁方臣

【案情简介】

2008年3月至11月期间，被告人胡某在明知某市银典房地产经纪有限公司（以下简称银典公司，该法人已判刑）向社会不特定人吸收存款的情况下，向该公司以3分至4分的高额月利率借款22笔，本息合计为4709.76万元，其中本金3403.50万元，利息1217.76万元，支付手续费88.5万元。案发后，相关贷款已全部还清。

公诉机关认为，被告人胡某在明知银典公司向社会不特定人吸收存款的情况下，向该公司高额借贷，实际上是以该公司为中介向不特定公众吸收存款，且数额巨大，应当以非法吸收公众存款罪追究其刑事责任。

【判决结果】

一审判决被告人胡某犯非法吸收公众存款罪，判处有期徒刑3年，缓刑5年，并处罚金5万元。胡某不服，提出上诉，二审法院判决驳回上诉，维持原判。胡某仍不服，向该二审的市中院提出申诉，申诉被驳回。

胡某又向省高院提出申诉，省高院函示市中院立案审查，但是该市中院再次驳回申诉。胡某继续向省高院提出申诉，终于省高院指令该中院再审，再审认为原裁判认定的事实不清，证据不足，胡某不构成非法吸收公众存款罪。

【律师解读】

一、本案的关键点在于胡某的行为是否属于《刑法》第176条规定的

非法吸收公众存款的行为

《刑法》第 176 条规定了非法吸收公众存款罪的构成要件行为，即非法吸收公众存款或变相吸收公众存款。2010 年 12 月 13 日最高法《关于审理非法集资刑事案件具体应用法律若干问题的解释》第一条列举了吸收资金行为的条件，（一）未经有关部门依法批准或者借用合法经营的形式吸收资金；（二）通过媒体、推介会、传单、手机短信等途径向社会公开宣传的；（三）承诺在一定期限内以货币、实物、股权等方式还本付息或者给付回报的；（四）向社会公众即社会不特定对象吸收资金。

本案中，在卷证据（包括证人证言和被告人供述）仅能证实胡某向银典公司高额借款，而没有证据证实胡某以自己的名义向公众吸收存款。胡某的高息借贷行为并不为刑事法律所禁止，更不属于刑罚所惩罚的行为。原一审、二审法院认为，胡某明知银典公司向社会不特定人吸收存款的情况下，仍向该公司高额借款，银典公司实为胡某向社会吸收资金的中介，这一结论缺乏关键性证据支持，并不能达到排除合理怀疑的证据标准。

二、本案中胡某也不成立银典公司非法吸收公众存款的共犯

根据《刑法》第 25 条的规定，共同犯罪须具备共同的犯罪故意。而本案中并没有证据证实胡某指使或授意银典公司向社会不特定对象吸收存款，而且公诉机关以及一审、二审法院都未提及胡某与银典公司之间存在犯意联络。所以，胡某不构成非法吸收公众存款罪的共犯。

三、《刑法修正案（十一）》对非法吸收公众存款罪进行了修订

《刑法修正案（十一）》对本条作了修改，一是增加数额特别巨大和情节特别严重的情形，将非法吸收公众存款罪的法定最高刑由十年有期徒刑提高到十五年有期徒刑，并删去罚金具体数额的规定，加大了惩处力度；二是增加在提起公诉前积极退赃退赔，减少损害结果发生的，可以从轻或者减轻处罚的规定。

因此，若本案发生在 2021 年 3 月 1 日之后，且胡某的确构成非法吸收公众存款罪，则应当适用"数额特别巨大"这一档法定刑，进而应处十年以上有期徒刑，并处罚金。同时，由于胡某在提起公诉前积极退赃退赔，依法可以从轻或减轻处罚。

57. 杨某、康某寻衅滋事为何免于刑事处罚？

□ 杨 飞

【案情简介】

2014年10月9日2时许，被告人杨某、康某（均饮酒）在北京市某区某派出所接待室等待处理车辆被盗一事。期间，被告人杨某、康某无故斜倚在接待室办公桌上，值班保安李某出面制止，被告人杨某对李某有指点的动作，随后与李某发生撕扯。民警朱某将双方隔开，将李某带回值班室里屋关上门。后被告人康某进入值班室里屋挑衅，站在里屋的办公桌上大声叫嚣，被告人杨某在劝说康某的同时与李某也开始互相推搡、撕扯。期间被告人杨某离开值班室，将车辆缓慢开至值班室门口时，车辆突然加速碰撞到民警朱某。后杨某、康某二人被抓获。

【判决结果】

一审判决认定杨某、康某构成妨碍公务罪拘役六个月，缓刑一年。

二审判决撤销原判，发回重审。

第一次发回重审一审，认定杨某、康某构成寻衅滋事罪拘役六个月，缓刑六个月。

第一次发回重审二审，撤销原判，发回重审。

第二次发回重审一审，认定杨某、康某构成寻衅滋事罪，免于刑事处罚。

【律师解读】

1. 证据取得是否合法？本案证据是否经过剪辑、删改？可否作为定案依据？本案最重要的视频证据是由案发地派出所民警一人在没有相关取证资质的前提下，将本应一整段的视频人为切割成5段视频。因此，视频存在剪辑、不完整、严重缺失、非专业人员采集等问题，其是经过案发现场的民警到庭接受询问并质证后，得出的以上结论。据此，笔者提出此证据不可以作为定案依据。

2. 法律适用是否准确？检方在第一次起诉书中确定本案适用《刑法》第293条第2项，笔者认为本案不能适用《刑法》第293第2项理由如下：(1) 刑法上的"追逐"一般是指妨害他人停留在一定场所的行为，"拦截"一般是指阻止他人转移场所的行为，以上行为都要求对他人的行动自由造成妨碍。本案中，杨某、康某的行为不符合上述要求，故不构成《刑法》第293条第2项的"追逐""拦截"；(2) 刑法上的"辱骂"一般是指以言语对他人进行轻蔑的价值判断；"恐吓"一般是指以言语或者行为相威胁或者要挟的行为。本案中，杨某、康某的行为不符合上述要求，据此，本案不能适用《刑法》第293条第2项。在案件审理过程中，检察院变更起诉书确定本案适用《刑法》第293条第2项、第4项。笔者紧接着又提出本案不能适用《刑法》第293条第4项，理由如下：(1) 本案案发地为派出所值班室，并非刑法意义上的"公共场所"；(2) 康某的行为并非"起哄闹事"；(3) 本案并未达到"严重混乱"之程度。据此，笔者提出本案不能适用《刑法》第293条第2项、第4项，笔者的当事人康某应按无罪处理。

3. 本案是否存在受害人？本案中不存在任何受害人原因如下：在本案全案证据中，并没有任何受害人的伤情鉴定结论，甚至没有任何有关本案存在受害人的证据。

4. 本案是否存在犯罪故意？本案不存在犯罪故意理由如下：(1) 本案的案发地在公安机关派出所内，试想有谁会或者敢故意到公安局寻衅滋事？(2) 公安机关本身就是惩治违法犯罪的重要机关；(3) 寻衅滋事是故意犯罪，无犯罪故意则不成立本罪。

5. 本案是否达到了刑法意义上的"严重混乱"的程度？本案没有任何证据证明被告人的行为达到了刑法意义上的"严重混乱"的程度，理由如下：(1) 案发时间为凌晨，没有证据证明案发时派出所内有人在办理业务，谈何"严重混乱"；（2）不符合"多次"的行为条件。

笔者对此案感悟如下：本案是笔者自执业以来历经法律程序最多、最为复杂的刑事案件，此案无罪理由充分，刑辩律师应当坚持自己的专业认知，严格按照刑事案件的证据要求、程序要求。只要接受委托必全力以赴！本案经过艰难的辩护，最终使委托人唐某取得免于刑事处罚的结果。

58. 说别人"草包"违法吗？

□ 康文平

【案情简介】

2020年9月5日，任女士所在小区近段时间正在试用新的物业公司，本来说好在开完业主大会表决之后才能决定新物业的去留问题，可是业委会却直接留下这个物业，还把物业公司的押金也退了回去。任女士认为业委会这个操作完全是不合规矩的，也没有道理可循。于是任女士在业主微信群中提出了质疑，没想到被社区支书刘某一口否决"开不开会，怎么开，都是我们业委会的事情，跟你们无关"。

任女士气愤之下说了一句"草包支书"，没想到就被拘留了3天。

2020年11月3日，某市公安局洪山派出所警官，来到任女士的居住地贵阳，将任女士戴上手铐，历经4小时，将其带回某市，行政拘留3天。理由是任女士在社交媒体里说的"看这个草包支书怎么说的"，公然侮辱了刘支书。

【处理结果】

事件发酵后，得到了全国网民的关注。某市公安局也注意到了此事，随即撤销了对任女士的行政处罚，并对涉案所长及民警进行停职处理。

【律师解读】

警方认为"草包支书"是公然侮辱他人的行为，按照《治安管理处罚法》第 42 条第 2 款规定，公然侮辱他人的，处 5 日以下拘留或者 500 元以下罚款，对任女士进行了 3 天的拘留。

那么，本案的症结在于"草包"到底算不算是侮辱性的词语？这个可以说是见仁见智了，有些人比较敏感，便认为被说"草包"就是对自己的侮辱；有些人比较包容，根本不会把"草包"一词当回事。

在这种情况下，就要从一般人角度去考虑，"草包"这个词是否算是侮辱。笔者与周围人探讨此事，大家都认为，"草包"并非一个侮辱性的词语。

在司法实践中，骂人被抓的少之又少，而骂"草包"被抓的也就这独一份。之所以很少有人因骂人被抓，是因为法律明确指出，只有"侮辱他人"才涉嫌违法。

举个例子来说，假设任女士在业主群中骂刘书记是"婊"子，这显然是在侮辱刘书记。

相对的，结合上下文来看，说刘书记"草包"更像是对其工作能力的质疑而已。本案中任女士是出于气愤、对业委会工作的质疑，才说出"草包"一词。这既是对刘书记工作能力的质疑，也是在对其管理工作进行监督。

根据《宪法》第 41 条规定，中华人民共和国公民对于任何国家机关和国家工作人员，有提出批评和建议的权力。

法律赋予我们监督批评的权利，如果说在网络平台上任何的一句话都被放大、夸张，那么是不是在评论里写一个"草包"就涉嫌违法了呢？

59. 张某非法吸收公众存款千万元，为何能取保候审？

□ 刘高锋

【案情简介】

犯罪嫌疑人张某在某大型的投资类公司担任销售经理，工作年限比较长，职位相对较高。在张某任职期间，其带领团队人员通过电话、微信以及地面宣传等方式开展非法集资活动，吸收资金逾千万元。

后因为该投资公司无法给予支付工资，张某离职并通过劳动仲裁方式主张工资。但在张某离职一年后，却被以非法吸收公众存款罪刑事立案。

【处理结果】

犯罪嫌疑人张某已被取保候审。

【律师解读】

接受委托后，笔者团队多次会见犯罪嫌疑人张某。通过会见了解到其从事此类工作时间相对较长，但是其带领团队的销售行为与侦查机关认定的不符。根据张某陈述，其虽然带领团队开展集资活动，但是名下的很多业绩其实并非其本人和团队成员的业绩，反而属于其他人或者其他团队成员将相应业绩挂靠在其团队名下，目的就是为了帮助其完成公司规定的业绩。同时，张某在担任销售团队组负责人期间，为完成业绩，也先后将自己及家人的资金都投入该投资公司，且最终也未能收回投资。

在掌握这些信息后，笔者团队积极地与张某沟通，希望能够发现更多对于案件有利的线索。后发现张某与所在投资公司还有在案的劳动争议纠纷案件。

针对这些信息，笔者团队先后与侦查机关、批准逮捕办案人员以及审查起诉的办案人员充分沟通交涉，提交数份不予批准逮捕申请书、法律意见、补充法律意见以及变更强制措施的申请。

笔者团队的辩护意见主旨有两点：第一犯罪嫌疑人张某不构成非法吸收公众存款罪；第二就目前状况来看，应当变更强制措施。就在案件即将被提起公诉之前，张某终于被取保候审。

笔者对此次案件有以下几点辩护经验：

一、合理安排有效会见

辩护律师应当摒弃犯罪嫌疑人家属以及其他人认为的，此类案件的会见意义不大的常规认识，在关键信息搜集以及书面文件准备之前，积极地与犯罪嫌疑人会见，尽量搜集被忽略但是又十分重要的信息。比如，在本案中，张某自己有投资行为，但是其担心说出来会增加量刑的疑虑，将犯罪嫌疑人认为不利认识的转化为对其有利的证据（这个过程非常重要，实质上除了释法说理之外，还有就是通过会见让犯罪嫌疑人能够对辩护律师开诚布公）。

二、积极准备和提交法律意见

在此类案件中，往往会有非常多的同案犯家属干扰犯罪嫌疑人家属及其辩护律师的言行。比如，认为辩护毫无意义，随波逐流的意识非常强烈。因此，应当积极地解释清楚案件的关键以及办案机关的工作状况和心理状态，消除家属的疑虑，共同积极面对，推动实现变更强制措施为取保候审以及检察院不起诉的辩护结果。

三、全流程辩护

刑事辩护的特点是辩护律师介入越早可能越有利于案件的办理，辩护律师也更能把握全案。此案中，辩护律师在刑事拘留、呈请逮捕以及逮捕期间积极地搜集有力证据，充分与办案机关沟通，及时提交相应的法律意见。在家属和犯罪嫌疑人都开始怀疑和焦虑的时候，辩护律师能够坚持，同时能够顶住各方压力，充分地与办案机关做好沟通和解释工作，推动案件向着利于犯罪嫌疑人的方向发展。

60. 涉嫌 250 万元的受贿案，二审辩护为何获改判缓刑？

□ 阚月玥

【案情简介】

汪某与官员刘某是亲戚关系。2010 年，刘某的妻子将其经营的一家小型工程公司有偿转给了汪某。汪某与刘某个人及双方家庭之间经济往来较多，刘某还将部分钱物交由汪某处存放保管。

马某与刘某是朋友关系，私交甚好。2007 年至 2014 年间，房地产开发商杨某因行贿被有关机关追查，为逃避法律责任，遂通过马某请托刘某帮忙协调，致使杨某的多起行贿事实均未受到追究处理。

2011 年，刘某、马某均向杨某提出让汪某承建部分建筑工程。杨某遂将一栋高层建筑的建设工程交给汪某公司承建。汪某进场后不到两个月，投入不到 100 万元资金后，因资金缺口大、设备技术跟不上工程进度等原因难以为继，无奈退场。

退场后，汪某个人曾与杨某协商退场补偿事宜，但双方未能达成一致。后经刘某、马某共同与杨某协商，杨某同意补偿汪某 300 万元。

杨某为了规避行贿嫌疑，分两笔给付该 300 万元。第一笔是将 200 万元转到马某的一个公司员工账户上，经马某私自扣留 50 万元后，将 150 万元转给了汪某。第二笔是将 100 万元直接转到了汪某公司账户。汪某收到 250 万元后，如实告诉了刘某。

2018 年下半年，监察机关对刘某立案调查，汪某被监察机关最先留置，且汪某到案后如实供述了上述事实。司法机关对刘某受贿案、汪某受贿案作了分案处理。刘某受贿案的一审被指定在某市中级人民法院审理，一审判决认定刘某涉及 13 个受贿事实，其中包括与特定关系人汪某共同受贿 250 万元的这个事实。

【判决结果】

一审判决汪某与刘某，构成受贿罪，判处有期徒刑三年六个月，罚金30万元。一审宣判后，汪某以量刑过重为由，上诉至审理刘某一审受贿案的中级人民法院。

二审采纳汪某律师辩护意见，判决汪某三年有期徒刑缓刑五年。

【律师解读】

在司法实务中，刑事案件的二审改判率很低，职务犯罪案件的二审改判率更低。而汪某受贿案，是一起与官员刘某的共同受贿案件，刘某的受贿案一审与汪某受贿案二审均在同一中级人民法院审理，故汪某二审案件要得到二审改判更是难上加难。

基于本案存在以上难点，笔者分析认为本案二审如不开庭审理，则维持原判的可能性极大。所以，辩护工作的重点应放在推动二审法院对此案作出开庭审理，以实现在庭上充分阐述辩护主张，方能增加二审改判的机会。

根据《中华人民共和国刑事诉讼法》第二百三十四条，适用于本案的是该条第一项，即"被告人、自诉人及其法定代理人对第一审认定的事实、证据提出异议，可能影响定罪量刑的上诉案件"。笔者以此为目标，认真仔细查阅全案证据材料，发现本案确有程序和实体问题的瑕疵，主要有：一是发现汪某被监察机关超期留置；二是监察机关的取证主体在证据上的签字笔迹不一致，致使多份证据的合法性存疑；三是不能认定本案受贿数额确系250万元。针对以上问题，笔者经多次书面、口头与承办法官沟通，先后提交了两次申请开庭审理的法律意见，使承办法官充分认识到案件本身确有问题，属于依法应当开庭审理的案件，从而促使二审法院对本案作出了开庭审理的决定。

同时，笔者又从中国裁判文书网上检索到与本案事实情节相类似判处缓刑的案例35份。其中，全国各地法院判决案例29份，该中级人民法院所在省的地方法院判决案例6份，一并提交法庭供其参照，以说服合议庭打消顾虑，为共同受贿金额达250万元的从犯判处缓刑找到了实证依据。

综上，二审案件的律师辩护工作，以一审存在的问题为突破，促使二审开庭审理为重点，说服审判人员采纳有利于当事人的辩护要点为根本，从维护当事人的合法利益出发，确立可行的辩护思路，选择恰当的诉讼策略和路径，从而实现有效辩护的效果。

61. 超市盗窃六次，检察院为何作出不起诉决定？

□ 温奕昕

【案情简介】

2019年11月7日至12月5日期间，程某在北京某超市内，先后六次以部分结账、部分不结账方式将超市内待售商品（洗发水、牛奶、肉馅等）窃走。经鉴定，被盗商品价值人民币923.3元。12月5日，程某被民警查获被刑事拘留，涉案部分物品已起获并扣押到案，后程某家属赔偿超市被盗商品价款。

【处理结果】

审查起诉阶段，笔者提交的《不起诉决定申请书》被北京市某区人民检察院采纳。至此，本案以相对不起诉的决定终结。

【律师解读】

盗窃罪是我国最古老的罪名，现在大型超市利用信息技术多采用无人结账，使得一些顾客抱有侥幸心理窃走商品以身试法。《刑法》第二百六十四条规定："盗窃公私财物，数额较大的，或者多次盗窃、入户盗窃、携带凶器盗窃、扒窃的，处三年以下有期徒刑、拘役或者管制，并处或者单处罚金。"《最高人民法院、最高人民检察院关于办理盗窃刑事案件适用法律若干问题的解释》第一条规定："盗窃公私财物价值一千元至三千元以上、三万元至十万元以上，应当分别认定为刑法第二百六十四条规定的'数额较大''数额巨大'"，第三条规定："二年内盗窃三次以上的，应当认定为"多次盗窃"。本案中盗窃金额虽只有923.3元未达到1000元的起刑数额标准，然而盗窃六次符合刑法中的多次盗窃的标准。笔者接手本案后多次与公安机关、检察院沟通并递交法律文书，着重从以下方面辩护：

其一，本案盗窃情节显著轻微，程某盗窃金额923.3元，未使被害单位遭受重大损失。其二，程某家属已补缴超市924.2元货款，受害单位已谅解。笔者积极协调家属退赔，也多次跟超市总部进行沟通，促使超市出具书面谅解书。其三，程某到案后如实交代案件事情经过，态度良好，认罪悔罪并已签署《认罪认罚具结书》，根据《刑法》第六十七条第三款规定："犯罪嫌疑人虽不具有前两款规定的自首情节，但是如实供述自己罪行的，可以从轻处罚。"其四，程某不具有主观恶性，行为没有任何人身危险性，社会危害性小。程某称，其当时看到很多人偷走超市货品不结账，自己小市民心态也想试试。程某法律意识淡薄，贪小便宜，从而导致自己做违法犯罪的事。现在特别后悔，特别自责。因此，程某主观恶性较小。其五，受害单位超市也有不足，未及时阻止，导致多次盗窃发生。受害单位某超市利用现代信息技术采取无人售货，是一种新型超市。超市防盗窃技术有缺陷，顾客偷取物品未能够及时报警。超市未有更多的防盗窃宣传和及时的监控手段。本案中程某的前几次偷拿物品中，未及时发现提醒，没有及时报警。超市的监控信息手段，不能够在技术上早点发现、早点制止，直到第六次偷拿时超市才提醒并报警。

基于以上理由，检察院认定程某犯罪情节轻微不需要判处刑罚，决定作出相对不起诉决定书，本案的最终辩护取得了良好的法律效果、社会效果。

62. 民警办案时多次强奸女性，被害人如何维权？

□ 康文平

【案情简介】

2019年10月17日凌晨1时许，被害人李兰兰（化名）在合肥市某区某酒店房间内与朋友李某、杨某一起吃饭。张某龙因核查相关违法犯罪线索，通过指示酒店工作人员刷卡进入该房间对李兰兰、李某、杨某三人进行现场询问。

随后，被告人张某龙电话通知辅警童某、邹某到房间内协助询问，并安排辅警童某、邹某将李某、杨某二人带至房间外过道进行看管，其在该房间内对李兰兰进行单独询问。

询问期间，被告人张某龙通过打脸、拉拽、言语威胁等暴力、胁迫手段，强行与被害人李兰兰发生性关系。

李兰兰于当日9时许至合肥市公安局刑警支队报案。9时30分至12时40分，合肥市公安局刑警支队进行了现场勘验。同时，刑警队人员在第一时间对被害人李兰兰和被告人张某龙进行了身体检查。经法医人身检查，被害人李兰兰面颊部红肿、右手手背靠近手腕部青紫、右腿膝关节上方内侧青紫；被告人张某龙左侧腰背部自上而下有三处伤痕、右侧背部有一处伤痕。

【判决结果】

判决被告人张某龙构成强奸罪，处以有期徒刑4年6个月。

【律师解读】

根据《刑法》第236条规定，以暴力、胁迫或者其他手段强奸妇女的，处三年以上十年以下有期徒刑。也就是说，构成本罪的前提必须是存在暴力、胁迫等手段。

据调查结果显示，张某龙利用李兰兰曾经有前科的心理，对李兰兰进行了威逼利诱使其就范。在犯案期间，张某龙虽然没有使用特别严重的暴力行为，但还是利用了罚跪、扇嘴巴、捏胳膊等方式摧残被害人的自尊心。

这一系列行为使得被害人在当下不知反抗、不敢反抗、不能反抗，在被侵犯时也就没有拒绝和逃跑，只能选择事情结束后向警方报案。

好在李兰兰保留好了当时的证据，通过身体上的淤青、衣物上所留下的可疑斑迹等佐证了李兰兰的陈述。

其实这是一起非常典型的"利用信任地位"犯罪案件。一些人利用自己的特殊地位对处于相对弱势的群体实施犯罪行为。而这些被害人根本没有反抗的能力，甚至有些并不知道自己正在被侵犯。

此类案件经常发生在监护人与被监护人、医生与病人、老师与学生之间，当然也包括本案中的警察与犯罪嫌疑人。由于报案不及时、缺少证据，并且施害人又能够以"她当时是自愿的"来进行辩解。所以，被害人很难得到救济。

不论是自己还是身边的朋友，如果不幸经历了这种痛苦，一定要保留好证据并及时报警，不能让犯罪分子继续逍遥法外。

63. 刘某放火烧自家房屋，为何被判处缓刑？

□ 李岩玲

【案情简介】

刘某与胞妹刘某英共同继承其父的遗产与母亲共有房屋一间，房屋经刘某英之手出租。2017 年 11 月，共有房屋经政府通告为拆迁房，刘某与母亲同意房屋拆迁方案，想尽早领签订协议领取房屋拆迁补贴，但刘某英个人不同意房屋拆迁方案，就继续出租房屋。刘某与其母亲多次催促房屋租客搬走腾房，因刘某英不支持，租户一直没有搬离。情急之下，刘某就点燃屋外的电表处的一段电线，刘某还没离开现场就被一租户及时发现并扑灭火苗，造成一段电路毁损，更换电线26米。次日，刘某向辖区派出所自首。2018年12月26日，北京市公安局某分局以放火罪刑事拘留刘某。笔者接受刘某家属委托介入本案，在第一时间向侦查机关提交《对刘某取保候审申请书》，并于次日向某区人民检察院提交《恳请贵院对刘某涉嫌放火罪不予批准逮捕法律意见书》，批捕机关予以采纳，作出不予批准逮捕刘某的决定书，并通知笔者，遂侦查机关作出取保候审决定书，将刘某取保释放。

【判决结果】

某区人民法院作出判处有期徒刑二年缓刑二年的刑事判决，刘某未上诉。

【律师解读】

第一，刘某涉嫌放火情节显著轻微。本案发生场所系四周房屋已被拆迁，周围是空旷之地。案件发生时，共有房内租户及时察觉，并协助灭火，不至于危害到人身与公共财产安全，本案也没有产生实际损害结果。刘某本意不在危害任何人与财产的安全，仅仅想给一直占有共有房屋的、不同意拆迁搬出的妹妹刘某英找一点麻烦，不让她继续出租房屋。当时，刘某在现场守候随时准备熄灭，也不想造成任何公共安全的危险。

第二，刘某系初犯，没有犯罪前科，羁押后对自己的行为深刻反省悔悟。本案是因家庭矛盾激化，刘某心理纠结一时糊涂，作出不该发生的行为。事发后，刘某也没有发生逃跑等可能妨碍刑事诉讼顺利进行的情形。

第三，客观上，没有危害后果，也没有产生一定的社会危害性。本案纯属因为家庭矛盾激化所为，不针对不特定的人或财产，没有产生实际损害结果。当时，刘某在现场守候随时准备熄灭，在他人协助下未造成实际损害时火即被扑灭，共有房屋内的租户也及时发现，也不会造成对他人人身与公共财产的危险。

第四，刘某主动归案，有自首情节。刘某从接受公安人员调查开始，就积极配合如实陈述案件事实经过，多次供述前后一致。

鉴于上述情况，某区人民检察院采纳了笔者的不予批准逮捕的法律意见，对刘某作出不批准逮捕的决定。某区人民法院作出"判二缓二"的处罚。

64. 公安机关指控诈骗，检察院为何不起诉？

□ 杨　飞

【案情简介】

2015年2月至2016年4月期间，犯罪嫌疑人陆某以受害人吴某的儿子丁某在美国需要费用为由，骗取吴某人民币23万余元，2017年陆某被抓获。但在2016年4月13日，吴某与陆某在北京市某公证处办理《遗嘱执行公证书》，在公证书中吴某指定陆某为其遗嘱执行委托人，并通过银行保险柜服务指定陆某为其保险箱使用委托人。期间，吴某向法院以不当得利为由起诉陆某，认为双方之间形成民事委托关系。案发后，陆某家属找到笔者。接受委托后，笔者仔细研究事实以及证据提出陆某不构成诈骗罪的法律意见，并最终被检察院采纳并出具《不起诉决定书》《解除取保候审决定书》。

【处理结果】

检察院作出不起诉决定，并对陆某作出《解除取保候审决定书》。

【律师解读】

1. 笔者认为本案属于民事纠纷，不应作为刑事案件处理，理由如下：

（1）本案受害人吴某于2016年4月13日和陆某一起到北京市某公证处就订立遗嘱一事出具公证书。公证书中载明：吴某将属于其名下的财产全部由其子丁某继承，指定陆某为此遗嘱执行委托人；（2）本案吴某与陆某之间关系密切，自2015年3月13日至2016年5月8日期间双方存在50余笔银行转账记录；（3）吴某在华夏银行北京某支行、中国人民银行北京某支行的保险箱服务均指定陆某为共同使用保险箱的委托人；（4）本案受害人吴某于2016年10月10日就本案已经向北京市某区人民法院以不当得利为由起诉陆某，吴某在此案起诉书中表述："原告将钱汇给被告，被告将钱汇给丁某双方系委托合同关系。"此案中，吴某于2016年10月25日变更案由为：委托合同纠纷，于2016年11月21日以吴某儿子需要做手术为由申请撤回诉讼。

基于以上事实，本案为因委托合同纠纷而引起的民事案件且经过法院依法审理，吴某与陆某之间关系密切多次金钱往来，且吴某指定陆某作为其公证遗嘱的委托人。故本案系民事纠纷不应作为刑事案件处理。

2. 笔者认为本案不构成诈骗罪，理由如下：

（1）本案犯罪嫌疑人不具有非法占有目的。自双方委托关系成立后，陆某始终在按照双方《委托合同》中的约定履行遗嘱执行委托人的职责，多次在使丁某不乱花钱的基础上，依约给丁某及吴某汇款。故陆某的行为仅是基于委托关系而产生的合法民事行为，不具有非法占有目的。

（2）本案陆某自始至终没有使用过任何欺诈手段，始终坚定不移的履行着委托人的职责，一直给丁某及吴某汇款。

（3）受害人吴某并没有基于错误认识处分财产，受害人也是基于此委托关系给陆某汇款没有基于错误认识处分财产。

基于以上事实，笔者认为，本案犯罪嫌疑人陆某不构成诈骗罪。

3. 案涉23万元的存取款凭证不能证明陆某存在诈骗罪事实，不能排除其他合理怀疑。

犯罪嫌疑人陆某以受害人吴某的儿子丁某在美国需要23万治疗费用为由，要求其取出23万元。但是吴某在一家银行取出23万元，间隔两分钟后，陆某在同一家银行竟存入本人账户23万元。本案证据为受害人吴某的取款凭证以及犯罪嫌疑人陆某的存款凭证。故笔者认为，虽然吴某的取出以及陆某的存入之间仅间隔2分钟，但不能证明吴某取出的23万即为陆某存入银行的23万元，不能证明陆某存在犯罪事实。

综上所述，依据刑事案件的证据要求，笔者提出此证据不能指向犯罪嫌疑人陆某且不能排除合理怀疑。笔者的法律意见最终获得检察院认可。本案经过两次补充侦查，最终由检察院出具《不起诉决定书》《解除取保候审决定书》。

笔者感悟如下，刑事案件要求证据确实充分。笔者认为"确实充分"的标准应为：可以排除一切合理怀疑证明标准，检方提交的证据必须指向犯罪嫌疑人且不能存在任何合理怀疑。作为专业刑辩律师，应严格按照刑法意义上的证据标准确定辩护思路。

65. 曾某被指控涉黑八起犯罪，为何四起未认定？

□ 何　山

【案情简介】

本案是在当地有重大影响的涉黑案件，被告人曾某是当地名人。曾某被指控为以其弟曾某某为首的黑社会性质组织第二号被告人，原起诉书指控曾某犯参加黑社会性质组织罪、故意伤害罪、强迫交易罪（3起）、伪造企业印章罪、骗取贷款罪。一审开庭时增加寻衅滋事罪，共指控8起犯罪。笔者担任被告人曾某的辩护人。

【判决结果】

一审判决认定指控曾某的8起犯罪中，参加黑社会性质组织罪、强迫交易罪（1起）、伪造企业印章罪、骗取贷款罪成立；对指控寻衅滋事罪、故意伤害罪、2起强迫交易罪，共4起未认定为犯罪。

【律师解读】

刑事诉讼"以事实为依据，以法律为准绳"的基本原则，指要先查明事实，在查明事实基础上定罪量刑，而事实需要证据证明。按《刑事诉讼法》第55条规定，定罪量刑要求证据确实、充分。证据确实、充分是指：①定罪量刑的事实都有证据证明；②据以定案的证据经法定程序查证属实；③综合全案证据，对所认定事实已排除合理怀疑。即达到形成完整的证据链条，得出唯一结论标准。因此，刑事诉讼最终要靠证据说话。指控犯罪靠证据，是否达到证据确实、充分的法定标准也是辩护的主要方向。

本案辩护词72页，内容较多，但对上述4起未定罪的指控，辩护人主要针对证据存在的问题发表意见。证据存在的问题表现为：1. 指控的事实没有证据证明；2. 只有孤证证明，没有其他证据印证；3. 存在证明内容与指控事实相反的证据；4. 证明指控事实的证据是猜测、推断、评论性的证据，依据《刑诉法解释》第75条不能作为认定事实的依据；5. 仅有被害人一方涉案证人证言，没有被告人一方涉案证人证言；6. 被告人供述、证人证言等言词证据前后矛盾，或证据之间证明内容互相矛盾等。这些情况不能排除合理怀疑，不能形成完整的证据链条，不能得出构成犯罪的唯一结论，达不到证据确实、充分的标准，证据不足不应定罪。对这4起指控犯罪主要辩护观点如下：

一、寻衅滋事罪

1. 根据法律规定，曾某的行为不符合法定寻衅滋事罪构成要件

寻衅滋事罪的主观方面是直接故意，即明知自己的行为会发生破坏社会秩序的危害结果，并且希望这种结果发生。行为人的犯罪动机是为了满

足耍威风、取乐等不正常的精神刺激或其他不健康的心理需要。

客观方面的四种表现：

（1）随意殴打他人，是指出于耍威风、取乐等不健康动机，无故、无理殴打相识或者素不相识的人。

（2）追逐、拦截、辱骂、恐吓他人，是指出于取乐、寻求精神刺激等不健康动机，无故无理追赶、拦挡、侮辱、谩骂、恐吓他人，此多表现为追逐、拦截、辱骂妇女。这里"情节恶劣的"，主要是指经常性追逐、拦截、辱骂、恐吓他人；造成恶劣影响或者激起民愤；造成其他后果等。

（3）强拿硬要或者任意损毁、占有公私财物，是指以蛮不讲理的流氓手段，强行索要市场、商店的商品以及他人的财物，或者随心所欲损坏、毁灭、占用公私财物。这里"情节严重的"，是指强拿硬要或者任意损毁、占用的公私财物数量大的；造成恶劣影响；多次强拿硬要或者任意损毁、占用公私财物；造成公私财物受到严重损失等。

（4）在公共场所起哄闹事，是指出于取乐、寻求精神刺激等不健康动机，在公共场所无事生非，制造事端，扰乱公共场所秩序，造成公共场所秩序严重混乱。亦指公共场所正常的秩序受到破坏，引起群众惊慌、逃离等严重混乱局面的。

本案中，从被告人曾某供述看，曾某主观方面明显不是明知自己的行为会发生破坏社会秩序的危害结果，并且希望这种结果发生。从曾某到现场后让被害人古某上车的客观行为看，也印证其意图阻止冲突继续和事态扩大。

曾某作为某村村长，某林场县道改造工程业主负责人，对在某村地界县道改造工程发生的冲突，无论从村长角度还是从业主负责人角度都有责任到现场处理，根本谈不上故意扰乱公共场所秩序，更没有为了满足耍威风、取乐等不正常的精神刺激或其他不健康心理需要的犯罪动机。

从客观方面看，曾某到现场后的行为，不符合法定寻衅滋事罪客观表现形式四种中的任何一种。

2. 根据证据和事实，曾某不是去案发现场寻衅滋事

曾某到现场后先让围观群众离开，接着让被害人古某上他的车，古某

上车后准备带其离开现场,但被江某(涉案另一被告人)在车前拦住,在江某等人打车里的古某时,又说话阻止,最后将古某带离现场。这些事实卷宗中在场所有被告人供述、被害人陈述及证人证言互相印证,且古某也未否认曾某到现场后让其上车的事实。可以说全案证据基本都是指控曾某寻衅滋事的反证,充分证明曾某到现场是去解决纠纷、平息争端,防止继续冲突,不是去寻衅滋事。

3. 公诉人说案发现场的各被告人很有默契,曾某假装劝架的说法没有任何证据,不能靠猜测认定事实

到现场需要看其为什么去,去做了什么,即使是现场有人寻衅滋事,也不能把到现场的人不论青红皂白一概以寻衅滋事论处。本案该起指控曾某寻衅滋事不仅没有证据证明,反而有大量反证,从证据和事实上看根本不能认定曾某犯寻衅滋事罪。

二、故意伤害罪

1. 梳理全案关于这一案件材料,现有证据可以证明的事实是整个具体商量策划、实施殴打另一被害人黄某的过程曾某均没有参与。

2. 本案实际参与殴打黄某涉案人员供述、证言或其他证据中,唯一有效指向曾某的证据是李某(证人)关于曾某骂他没用,暗示他教训黄某的证言,其他涉案人员在案发前均没有因本案直接与曾某联系,关于曾某指使李某打黄某的说法全部是猜测或推测,依刑诉法司法解释不能作为证据使用或没有证明效力。起诉书实际仅依据李某证言指控曾某暗示李某教训黄某,且李某证言前后不一,自相矛盾,这一指控严重违背孤证不能定案的原则及猜测不能作为证据使用的法律规定。

仅凭李某所述前后不一、没有任何证据印证,凭空猜测的孤证指控曾某暗示李某殴打黄某,严重违背法律规定和证据裁判、疑罪从无原则,且明显不能排除其他诸多可能性,以黄某与曾某有矛盾为由推断曾某有殴打黄某故意更显牵强,依现有证据明显不应认定曾某犯故意伤害罪。

三、某某罐头厂拍卖强迫交易罪

1. 从指控事实看,指控曾某事前对张某威逼利诱使其放弃竞标仅有张某证言证实,没有任何证据印证,孤证不能据以认定事实,而且卷中证据

证明张某参加了竞标，与事实不符。

2. 卷中证据证明在某罐头厂拍卖过程中，从拍卖结果看，从95万元起拍，最后242或241万元拍成，开始加5万元为一档举牌竞拍，拍到150万或200万后又改成2万或1万元为一档举牌竞拍，即使按200万元后改为2万元一档举牌竞拍，也经过42轮竞拍，很难说竞拍不够激烈。这一事实本身就证明竞拍人之间没有强迫交易。而且实际并非曾某自己取得拍卖物，是其与他人合伙，其只占小股，其并无足够动机为取得拍卖物做违法犯罪的事情。

3. 没有确凿证据证明曾某指使或参与强迫交易。没有任何证据证明起诉书指控的曾某纠集他人前往竞拍现场示威，给其他竞标方施压。

四、某村委会房屋拍卖强迫交易罪

1. 曾某供述其没有参加某老村委会拍卖，也没有证据证明曾某参与拍卖，更没有确凿证据证明曾某指使或参与以暴力、威胁方法不许其他竞拍人（投标人）投标竞拍。

2. 参与拍卖的刘某证实是曾某某（涉案第一被告人、曾某之弟）让其帮助举牌，其拍下后拍卖标的某老村委会房交由曾某签订合同，没有证明在此期间与曾某有任何接触。

3. 曾某某供述拍卖时去了现场，是去看热闹，没有供认曾某指使他以暴力、威胁方法不许其他竞拍人（投标人）竞拍。

因此，没有任何确凿证据证明在某老村委会拍卖中，曾某有强迫交易行为。

法庭保障了辩护人在庭上充分发表辩护意见。辩护人庭下与办案机关多次沟通，最终上述4起犯罪，尤其是追加起诉的寻衅滋事罪未定罪，对指控曾某的八起犯罪中，四起无罪辩护成功。

66. 电信网络诈骗案，郭某为何判处缓刑？

□ 刘 通

【案情简介】

2019年12月份至2020年7月期间，程某、张某与杨某、郭某等十五人在程某、张某与杨某的事前计议下，以辽宁某公司网上商城销售化妆品为幌子，该化妆品实际总价只有几十元，购买时需要花费299元，利用购买化妆品套餐即可参与抽奖一次的噱头，虚假宣传参与购物抽奖即有机会中大奖等话术，诱骗不特定被害人扫码付款抽奖，实际通过事先筛选的抽奖程序控制开奖结果，致使参与抽奖的被害人根本不可能中大奖亦无机会兑换大奖，或者就算中了大奖也不会予以兑现，只向被害人邮寄了购买的化妆品，以此骗取了222个被害人的财物，诈骗总金额被指控约为人民币237万元。郭某是该涉案公司的文员，她不负责业务，只负责收款、制作抽奖码、业务汇总等工作。江苏省某市人民检察院以涉嫌利用互联网，对不特定多数人实施诈骗罪提起公诉，并指控程某、张某为首要分子，认定郭某参与帮助该集团实施诈骗，涉案金额认定为2,160,185.88元。

【判决结果】

一审判决判处郭某有期徒刑三年，缓刑四年并处罚金人民币25000元。判处杨某等人有期徒刑三年八个月等。

【律师解读】

作为本案一审被告人郭某的辩护人。在庭前会议中，笔者对于郭某的涉案数额提出了异议，提出了郭某实际只是该集团的文员，受到首要分子程某安排工作、郭某涉世未深等意见，公诉人采纳了笔者提出郭某是受到程某指使从事上述工作，可以从轻处罚的意见。

本案件属于典型的电信诈骗案，犯罪分子通过互联网，编造虚假信息设置骗局，对受害人实施诈骗，诱使受害人打款或转账。一审庭审过程中，郭某对认定的诈骗金额予以否认，并声称只知道这是公司运转模式并不知这是诈骗。笔者在会见了被告人并仔细研究了案卷材料后，对于公诉机关指控被告人涉嫌诈骗罪无异议，但是笔者认为：1. 被告人郭某在公司从事文员工作，其通过正规渠道招聘到涉案公司，所从事的工作都是公司领导的安排，其自身没有诈骗的故意；2. 起诉书认定被告人郭某的诈骗金额为216万多元，认定有误；3. 被告人郭某系初犯、偶犯、无前科；4. 被告人郭某如实供述自己的罪行，自愿认罪认罚；5. 被告人郭某认罪、悔罪，主动退赃。综上，法院应本着"教育为主，惩罚为辅"的原则，给被告人郭某一次改过自新、重新做人的机会，依法判决被告人郭某有期徒刑一年并适用缓刑。

该市人民法院经查，认为被告人郭某虽然通过招聘进入公司，但其在进入公司较短时间（一月初）后就知道公司存在诈骗行为，但为了获取报酬，心存侥幸，继续在公司从事相关工作，不存在其不知诈骗的说法。根据其在公司的职位和作用，公诉机关已认定其为从犯，法院考虑其犯罪时仍属于在校大学生，社会阅历较浅，决定对其从轻处罚。

随着网络经济的迅速增长，网络交易安全等问题也日益突显，网络陷阱不断，电信诈骗案件越来越多，犯罪分子也利用复杂的手段，通过各种网络平台方式进行诈骗。为此，笔者建议大家防范电信诈骗要做到"三不一要"。1. 不轻信。不要轻信来历不明的电话和手机短信，不管不法分子使用什么甜言蜜语、花言巧语，都不要轻易相信，要及时挂掉电话，不回复手机短信，不给不法分子进一步布设圈套的机会。2. 不透露。巩固自己的心理防线，不要因贪小利而受不法分子或违法短信的诱惑。无论什么情况，都不向对方透露自己及家人的身份信息、存款、银行卡等情况。如有疑问，可拨打110求助，或向亲戚、朋友、同事核实情况。3. 不转账。绝不向陌生人汇款、转账，公司财务人员和经常有资金往来的人群，在汇款、转账前，要再三核实对方的账户，不要让不法分子得逞。4. 要及时报案。万一自己上当受骗或听到亲戚朋友被骗，请立即向公安机关报案，可直接拨打110，并提供骗子的账号和联系电话等详细情况。

67. 欲复婚遭拒便杀了前妻，仅凭自首情节就被判死缓，是否合理？

□ 康文平

【案情简介】

2020年2月19日17时许，庞某在某市大岭路跟踪小玲，因复婚被拒发生争吵。小玲打电话给妹妹的男友，气急败坏的庞某从驾驶的两轮电动车坐垫箱内，拿出水果刀朝小玲胸腹、背部连续捅刺。闻讯赶来的小玲妹妹及其男友，还有小玲10岁的儿子，目睹小玲流血倒地，最终，小玲被送医院，经抢救无效身亡。

小玲被送医院抢救途中以及在某市医院时，庞某向公安机关电话报警，后来庞某在医院被抓获。庞某于2月20日被刑拘，4月8日被逮捕，被羁押在某市看守所。

经鉴定，小玲是被利器刺破胸肺和肾脏，造成大出血及气血胸，导致呼吸循环衰竭而亡。

【判决结果】

2020年11月18日，某林市中院以故意杀人罪判处庞某死刑，缓期两年执行，判处赔偿民事诉讼原告覃先生夫妇（小玲父母）经济损失4.5万元。

【律师解读】

小玲的父亲对这个判决非常不满，认为杀人偿命，凶手不值得被宽恕。那么，法院仅凭一个自首情节从轻处罚庞某到底合不合理呢？

据调查结果显示，庞某在刺杀小玲时，每一刀刺向的都是致命部位，包括胸部、肾脏等关键位置，导致小玲当场死亡。这足以证明庞某存在杀人的故意，应以故意杀人罪论处。

根据《刑法》第232条规定，故意杀人的，处死刑、无期徒刑或者十年以上有期徒刑。这个惩罚是从严至宽，从死刑到有期徒刑。也就是说，对于故意杀人的惩罚，首先考虑的就是一命还一命。

但在司法实践中，许多案件中的凶手往往并不会被处以极刑，就是因为考虑了相应的从轻或减轻情节。

举个例子来说，如果凶手行凶是因为被对方激怒或是因对方有错在先，就可从轻或减轻处罚。当然，这个过错需要比较严重。

结合本案事实，发现基本没有可以减轻处罚的情节，唯一值得考虑的情节就是自首。

但自首并不是一个必须从轻的情节，主动权完全掌握在法院手中。而法院往往会考虑案件的整体情况，再做决定。

笔者认为，有几个关键问题必须要考虑。首先，庞某是有预谋的进行着杀人计划。据死者家属表示，庞某在离婚后经常威胁小玲，要求复婚，还逼迫小玲给他钱花。庞某曾表示，如果不答应就杀人。

其次，庞某在杀人时刀刀致命，即便在小玲的哀求下也没有停手。并且，庞某是当着自己孩子的面杀害了孩子的母亲，可见其已经泯灭人性。

这些情节足以表明其动机卑劣、社会危险性高、手段残忍，任何一条都足以判处其死刑。所以，仅凭一个自首，绝不足以让其免除死刑。

68. 黄某争抢过路母猪，为何不构成抢劫罪？

□ 孙向阳

【案情简介】

2017年4月，黄某被公安机关以抢劫罪提请批准逮捕。提请逮捕的案件事实是：2017年2月，行人李某看到一只母猪从南向北横过马路，即急促上前抓捕，意图占为己有，而此时另一过路行人黄某也发现该猪行走迟缓，亦同时上前抓捕。在李某刚刚抱住母猪之时，黄某将李某踹倒，自己控制母猪，并迅速将猪放置于停放路边的机动三轮车上骑行逃离。之后李某报称黄某抢劫，公安机关侦破此案，以抢劫罪提请逮捕。

【处理结果】

最终检察院对黄某不予批准逮捕。

【律师解读】

对于此案，检察院曾存在两种分歧意见：一种意见认为黄某以非法占有为目的，使用暴力手段强行取得他人财物，应以抢劫罪批准逮捕；另一种意见认为黄某和李某同样属于盗窃行为，只因黄某身强力壮最终占有母猪，因猪的价值不能达到立案标准，不能构成盗窃罪，不应批准逮捕。辩护律师提供了本案不能构成抢劫犯罪的法律意见，该意见被检察院采纳。

关于抢劫罪与盗窃罪，在通常情况下并不是难以区分的，但在整个事实中既有秘密窃取又有暴力手段的情形下，行为性质的认定就容易发生分歧。本案事实虽然清楚、证据充分，但涉及盗窃和抢劫的犯罪构成要素和具体情形还是比较复杂的。一是盗窃对象是能够自行走动的家畜生猪，无论是盗窃还是抢劫均需对此用力控制，存在抓捕行为人与抓捕对象之间的对峙力；二是两个行为人对于同一对象出于同样目的实施同样的抓捕行为；三是黄某对同为盗窃的李某实施了暴力并最终占有了该猪。对于此案犯罪构成的分析解读，包括以下两个方面：

一、李某和黄某的行为均属盗窃

1. 二人具有同样的非法占有他人财物的目的。村前村后的过路家畜不是走失动物，所有权人属于饲养户主，根据一般的生活常识即可明确作出判断。二人对于猪的抓捕还是抢夺，目的都是自己独占，不存在占有主体的任何争议。

2. 二人实施的都是秘密窃取他人财物的行为。秘密性具有相对性，是指相对于财物的控制人、占有人、管理人和所有人而言的不为人知，并非除此之外的他人不知。二人争相抓捕，自然相互知悉，但均非作为财物权利人的事主，不影响实施行为的秘密性，二人的行为相对于事主显然均属秘密窃取。

3. 二人争相抓捕他人家畜行为均属单独盗窃。作为本案行为对象之猪是可以一人单独控制的，并非需要二人合力方可实施完成；作为本案行为人也都是为了单独实施控制，并绝对排斥另外一人以表明自己的单独发现和控制，并就此排除另外一人的占有均分。二人的行为属于单独盗窃，是针对同一对象的各自独占，不是针对同一对象的共同行为，不属于相遇共盗的片面共犯。

4. 李某和黄某的行为形态分别为未遂和既遂。本案因猪的价值达不到立案标准而不能以盗窃罪进行追究，但作为本案盗窃的行为形态仍需明确。李某因为黄某的同时介入和强行夺取而最终未能占有该猪，实属出其意外，属于盗窃未遂；黄某同属盗窃，因其力胜他人，最终完成对行为对象的占有，实现了对于财物的非法占有目的，是盗窃既遂。

二、黄某的行为不符合抢劫犯罪构成

1. 黄某的行为不是对于事主财物的暴力强取。黄某实施的暴力行为没有现场针对家畜户主之人，实施暴力的场景是李某和黄某共同参与、共同形成的争相盗窃，目的在于以争抢的方式实现对于他人家畜的非法占有。对于争相盗窃他人财物的相对之人的暴力不是刑法抢劫犯罪构成中的暴力行为。

2. 黄某的行为不是"盗人之盗"的抢劫性质。李某与黄某对于对象之猪几乎同时发现、同时抓捕，不是李某完全控制对象、离开现场之时和之后，再被黄某发现而又被暴力夺取，不属于暴力强取他人盗窃或抢劫取得的财物同样构成抢劫的情形，黄某对于李某实施的行为如同反过来李某对于黄某实施的行为一样不符合抢劫犯罪构成。

3. 黄某的行为不属于刑法"转化抢劫"类型。刑法规定的所谓"转化抢劫"是因盗窃、抢夺、诈骗犯罪被发现为窝藏赃物、抗拒抓捕或毁灭罪证而当场实施暴力或以暴力相威胁。本案黄某本身即在实施盗窃，其暴力的目的是为了排除同为盗窃的他人控制而实现单独占有，不是为了窝藏已得之赃而实施暴力，不属于"转化抢劫"的"先盗后抢"。

4. 黄某的行为属于"争抢之窃"的特别情形。黄某的行为是先行盗窃，之后为排除他人的盗窃取得而实施暴力。这种情形对于家畜户主而言显然属于争相盗窃，继而发生争执，最后为其一力胜之人强行占有，尽管存在暴力行为，但仍然属于盗窃范畴，只是最终何人盗窃成功，属于盗窃行为的特别情形，不符合抢劫罪的构成要件。

69. 被告人撤诉后，检察院的抗诉为何被法院驳回？

□ 温奕昕

【案情简介】

2020年5月25日，一审被告人洪某在北京市朝阳某市场内因琐事与被害人安某发生纠纷后互殴。在互殴过程中，洪某将安某面部打伤，致其鼻部软组织裂伤及鼻骨骨折，经鉴定，安某所受损伤程度为轻伤二级。洪某接到公安机关电话后主动向公安机关投案，已签署《认罪认罚具结书》，后一审法院以故意伤害罪判处洪某 9 个月有期徒刑。一审宣判后，洪某在法定期限提出上诉，后撤回上诉，检察院提出抗诉。2020 年 12 月 10 日，二审法院依法组成合议庭现场公开庭审。原检察院主要抗诉理由：洪某已签署《认罪认罚具结书》，一审法院已采纳检察院 9 个月量刑建议。洪某在证据没有发生变化的情况下又以量刑过重为由提出上诉，即认罪不认罚，应属于以认罪认罚形式换取较轻刑罚，一审认罪认罚从宽处理不应适用，应对其处以更重的刑罚，特提出抗诉。

北京市人民检察院某分院支持抗诉意见：原检察院抗诉合法有据，虽然洪某撤回上诉，但其行为已经引起二审程序，既破坏了认罪认罚制度的权威性和严肃性，也浪费了司法资源，建议改判。笔者律师团队二审辩护意见：上诉是刑事诉讼法赋予被告人的法定权利，更何况被告人洪某在一审法定上诉期间已撤回上诉。根据《刑事诉讼法》第二百二十八条规定，只有检察院认定一审的判决确有错误的时候，才能提出抗诉。本案中检察院抗诉没有法律依据。

【判决结果】

二审裁定驳回抗诉，维持原判。

【律师解读】

认罪认罚案件，被告人上诉，检察院是否能抗诉一直是司法热点、难点。认罪认罚从宽制度毕竟是一项新制度，在实施初期难免出现一些问题。对于被告人单纯以刑期过重为由提出上诉，笔者认为检察机关没有抗诉的权利，抗诉属于抗诉对象错误，二审法院也不应当加重刑罚。认罪认罚案件，虽然被告人在一审时已经签署认罪认罚具结书，表示认罪并接受检察机关提出的量刑建议，但法律并没有规定，认罪认罚案件被告人不享有上诉权。被告人享有上诉权仍然是《刑事诉讼法》规定的一项基本权利，不应以抗诉来阻吓被告人上诉。《刑事诉讼法》第二百二十八条规定："地方各级人民检察院认为本级人民法院第一审的判决、裁定确有错误的时候，应当向上一级人民法院提出抗诉。"《最高人民检察院关于刑事抗诉工作的若干意见》（高检发诉字〔2001〕7号）第二条规定："刑事抗诉的范围：（一）人民法院刑事判决或裁定在认定事实、采信证据方面确有下列错误的，人民检察院应当提出抗诉和支持抗诉。（二）人民法院刑事判决或裁定在适用法律方面确有下列错误的，人民检察院应当提出抗诉和支持抗诉。"以上法律明确规定抗诉对象和事由是一审判决确有错误，也就是说，检察机关抗诉的对象应为确有错误的一审判决、裁定，而不是被告人的上诉行为。检察机关以被告人上诉违背诚信原则提出抗诉，明显没有法律依据。

在本案中，洪某认罪认罚，一审法院采纳了检察院的量刑建议，即便被告人提出上诉，也不能是确有错误的判决。因此，检察院抗诉没有法律根据，二审法院驳回抗诉是正确的。

70. 从楼上扔菜刀，徐某为何构成高空抛物罪？

□ 郜芬芬

【案情简介】

2020年5月6日，徐某（家住三楼）与王某因言语不和发生争执，徐某一时激愤，从厨房拿出一把菜刀，王某见状上前夺刀未果，徐某将菜刀抛掷到楼下公共租赁房附近。楼下居民发觉后向楼上质问，徐某听到质问声后，又去厨房拿第二把菜刀，王某再次上前夺刀未果，徐某又将第二把菜刀抛掷至楼下公共租赁房附近，楼下居民见状报警。

【判决结果】

被告徐某犯高空抛物罪，判处有期徒刑6个月，并处罚金2000元。

【律师解读】

高空抛物杀伤力有多大？4厘米的铁钉从18楼抛下能插入颅骨；空易拉罐从25楼抛下可致人死亡；巴掌大的西瓜皮从25楼落下，如果击中头部也能要人命。

《刑法》第291条之二第一款规定："从建筑物或者其他高空抛掷物品，情节严重的，处一年以下有期徒刑、拘役或者管制，并处或者单处罚金。"由于此类案件频发，为了缓解法官适用法律解释的难度，在2019年，最高人民法院印发了《关于依法妥善审理高空抛物、坠物案件的意见》（以下简称《意见》），《意见》对于如何准确认定高空抛物犯罪和高空坠物犯罪作出了具体规定，对在人员密集场所进行高空抛物的，依法从重处罚，一般不得适用缓刑。《意见》明确，对于高空抛物行为，应当根据行为人的动机、抛物场所、抛掷物的情况以及造成的后果等因素，全面考量行为的社会危害程度，准确判断行为性质，正确适用罪名，准确裁量刑罚。该意见的印发确实给法官的审理和社会舆论的导向带来了积极的指引作用，但法官在审理案件时由于无实体法律可依，仍然不能得到很好的社会反馈。因此，在2021年3月1日，最新刑法修正案生效，"高空抛物"正式入刑。本案件成为全国首例高空抛物罪案件。

"高空抛物、坠物行为严重损害人民群众生命财产安全，极易引发社会矛盾纠纷，某法院依法妥善审理高空抛物案件，体现了刑事司法领域对于高空抛物治理的积极回应，对于有效防范、遏制高空抛物行为的发生、引领正向社会价值、形成良好社会风尚具有重要作用"。笔者提醒，除了法律规定之外，还需要每个人自觉遵守，共同维护"头顶上的安全"。

71. 聚众斗殴"持械",法院为何没有认定犯罪?

□ 杨 飞

【案情简介】

2016年9月30日,李某1、李某2等人因与韩某、郑某1等人发生矛盾,在北京市某市场门口纠集十余人进行斗殴,造成韩某、郑某1受伤。经鉴定,二人均为轻微伤。李某1、李某2向公安机关投案。案发后,李某2家属找到笔者律师团队,经过仔细研究本案证据以及事实,笔者提出如下辩护要点:1. 李某2的持械不应认定;2. 李某2应认定为自首应从轻、减轻处罚;3. 李某2取得谅解应从轻、减轻处罚。

【判决结果】

李某1构成聚众斗殴罪,判处有期徒刑三年,自首未认定;李某2构成聚众斗殴罪,判处有期徒刑二年,认定构成自首。

【律师解读】

一、李某2是否持械会影响量刑?依据《刑法》第292条第一款第四项规定:聚众斗殴的,对首要分子和其他积极参加的,处三年以下有期徒刑、拘役或者管制;有下列情形的,对首要分子和积极参加的,处三年以上十年以下有期徒刑,其中(四)持械聚众斗殴的。据此可知,若李某2被认定为持械,则刑期会在三至十年;若未认定,则刑期应为三年以下。检察院据以认定李某2构成持械的证据为案发当时的视频,但依据视频笔者认为此证据无法证明李某2持械。因此,笔者向法院提出李某2不能认定持械的辩护意见,最终被法院采纳。

二、李某2是否认定为自首？根据《刑法》第67条，自首认定须符合如下条件：自动投案、如实供述，对于"如实供述"的理解应当为"如实供述主要犯罪事实"。而本案中李某2因不认为构成持械，是否会影响到法院对于李某2自首的认定？笔者认为只要自动投案并对于犯罪主要事实能够如实供述，则应当认定为自首。法院采纳了该意见。

三、"谅解"是否应起到从轻、减轻处罚的作用？根据《刑法》第63条之规定：犯罪分子具有本法规定的减轻处罚情节的，应当在法定刑以下判处刑罚。据此笔者提出，李某2因为已取得对方谅解，故应对其在法定刑以下判处刑罚。法院也采纳了该意见。

笔者对此案感悟如下：应刑事案件要求，证据要确实充分。笔者认为"确实充分"的标准应为，可以排除一切合理怀疑证明标准。检方提交的证据必须指向犯罪嫌疑人且不能存在任何合理怀疑。作为专业刑辩律师，应严格按照刑法意义上的证据标准，确定辩护思路。

72. 余某某交通肇事案上诉，为何加重刑罚？

□ 李　韬

【案情简介】

被告人余某某酒后驾车从海淀区回某区住所，在某区撞倒被害人宋某逃逸，致宋某死亡。随后余某某擦拭车身血迹再回现场观望又逃离，次日投案。事故认定余某某为酒后驾车撞人并逃逸，负事故全部责任。后余某某积极赔偿死者家属160万元，得到家属谅解，并认罪认罚，同意检方判刑3年缓刑4年的量刑建议。

一审法院认为被告人余某某作为一名纪检干部，本应严格要求自己，其明知酒后不能驾车，但仍酒后驾车从海淀区回某区住所，且在发生交通事故后逃逸，特别是逃逸后擦拭车身血迹，回现场观望后仍逃离，意图逃避法律追究，表明其主观恶意性较大，按检察院建议处缓刑不足以惩戒犯罪。因此对于公诉机关判处缓刑的量刑建议，该院不予采纳。一审判决被告人余某某犯交通肇事罪，判处有期徒刑2年。

某区人民检察院提起抗诉，认为一审判决量刑错误，余某某符合适用缓刑条件，一审法院不采纳量刑建议的理由不成立，也不符合认罪认罚从宽制度的规定及精神。二审法院在人民检察院以一审量刑过重为由提出抗诉的情况下，最终加重一审裁判。

【处理结果】

二审判决被告人余某某3年6个月。

【律师解读】

我国《刑事诉讼法》第二百三十七条规定：第二审人民法院审理被告人或者他的法定代理人、辩护人、近亲属上诉的案件，不得加重被告人的刑罚。第二审人民法院发回原审人民法院重新审判的案件，除有新的犯罪事实，人民检察院补充起诉的以外，原审人民法院也不得加重被告人的刑罚。人民检察院提出抗诉或者自诉人提出上诉的，不受前款规定的限制。

从《刑事诉讼法》第二百三十七条第二款规定来看，本案在人民检察院提出抗诉的情况下加重余某某的刑罚，并没有违反现行法律规定。我国《刑事诉讼法》对于检察机关的抗诉并没有区分有利于被告的抗诉和不利于被告的抗诉，更没有在检察机关提出有利被告抗诉的情况下，二审法院不得加重被告人刑罚的相关规定。根据宪法确定的司法原则，人民法院判处案件应以事实为依据、以法律为准绳。本案关键是被告人余某某身为纪律监察人员，应守法护法，要敢于同违法犯罪行为作斗争，但恰恰相反，其犯罪情节恶劣，置党纪国法于不顾，有损纪检形象，造成极坏的社会影响。二审判决加重余某某刑罚，维护了法律权威，震慑了犯罪分子，捍卫了社会的公平与正义。

73. 借款人的借贷行为被认定为犯罪，民间借贷合同是否无效？

□ 文香香

【案情简介】

2011年1月20日，王某因需要资金周转向张某借款300万元，借款期限为一个月，月利率2%，并由周某、管某提供连带担保责任。借款到期后，张某多次向王某催讨。王某分三次共向原告归还借款本金130万元及部分利息，但其余借款本金170万元及利息，王某以各种理由推托未予以归还。张某于2011年6月30日向法院起诉，要求王某归还借款本金170万元并支付利息，周某、管某承担连带责任。法院在审理过程中，因发现王某涉嫌犯罪，故驳回原告的起诉并将案件移送公安机关处理。2014年12月9日，王某涉嫌刑事部分案件审理完毕，其以集资诈骗罪被判处无期徒刑。现张某起诉周某、管某，要求其归还借款本金170万元及利息。

【判决结果】

被告周某、管某于本判决发生法律效力之日起十日内返还原告张某借款本金170万元，并支付原告张某自2016年2月18日起至实际给付之日止按月利率2%计算的利息。

【律师解读】

借款人的借贷行为经生效判决认定构成犯罪，民间借贷合同并不必然无效。原告张某与王某之间的借款合同关系，原告张某与被告周某、管某之间的保证担保合同关系均合法、有效，各方均应依约履行。借款人王某未依约还本付息，原告张某有权要求被告周某、管某承担连带保证责任。

一、借款人的借贷行为是否构成集资诈骗罪？

集资诈骗罪是典型的目的犯，作为诈骗类犯罪中的一种特殊情形，非法占有目的是该罪名主观方面必不可少的犯罪构成要素。总体来看，可以从三个方面来综合认定是否具有非法占有目的。一是如果行为人主观上明知没有归还能力而大量骗取资金的，可以认定具有非法占有目的；二是依据行为人客观上的行为表现进行推定，包括将集资款用于违法犯罪活动，不用于生产经营活动或明显不成比例等；三是根据行为人对资金归还的态度加以认定，如行为人抽逃转移资金、搞假破产、拒不交代资金去向等，可以推定其主观上具有非法占有目的。

本案中，王某在明知自己经营企业亏损，没有偿还能力的情况下，编造经营做生意、企业还贷、购买商铺需要资金周转等理由，承诺定期支付月息2%向原告张某等10名社会不特定人员集资。其中2011年1月，王某以银行还贷需要资金为由，通过被告周某、管某担保从原告张某处骗取借款300万元，其行为已构成集资诈骗罪。

二、民间借贷合同是否因借贷行为被认定为犯罪而无效？

集资诈骗罪是指使用诈骗方法进行非法集资，扰乱国家正常金融秩序，侵犯公私财产的行为。单个的借款行为仅是引起民间借贷这一民事法律关系的民事法律事实，并不构成集资诈骗的刑事法律事实，集资诈骗的刑事犯罪客观方面的法律事实包含向数个不特定人借款即集资行为的总和，相对于单个借贷行为而言，存在量变到质变的不同。同时，为合理保护善意的合同相对人，倡导诚实信用的社会环境，结合民事法律中诚实信用与公平的基本原则，在认定民事合同无效时适宜从严把握，即不应轻易认定合同无效。

本案中，虽然刑事判决书认定王某构成集资诈骗罪，但本案涉讼的单个民间借贷行为并不存在损害国家、集体或者第三人利益的情形，故最多仅能认定王某在该民间借贷过程中存在欺诈行为。因此，该民间借贷合同关系属于可撤销的民事法律行为，在撤销权人未行使撤销权的情况下，该民间借贷合同有效。原告张某与被告周某、管某之间的保证担保合同亦合法、有效，各方均应依约履行。

74. "知假买假"后进行索赔，是否构成敲诈勒索罪？

□ 张　昊

【案情简介】

2017年10月至2019年4月，孟某等人在多家大中型超市寻找过期食品并分单购买后，其持购物小票、过期食品与超市谈判，要求超市按照每单1000元给予赔偿，并声称如不赔偿将向市场监督管理部门举报或向法院起诉，以此获取赔偿款累计三万余元。后检察机关以孟某等人涉嫌敲诈勒索罪，向法院提起公诉。

【判决结果】

一审判决：孟某等人犯敲诈勒索罪。孟某等人不服一审判决，提起上诉。

二审判决：撤销一审判决，改判孟某等人无罪。

【律师解读】

本案，一审法院认为，孟某等人以购买到过期食品向市场监督管理局举报或向法院起诉等手段威胁超市，敲诈勒索共计三万余元。孟某等人的行为系以非法占有为目的，存在多次勒索他人财物的行为，且数额较大，该行为已经符合敲诈勒索罪的犯罪构成。因此，判决孟某等人犯敲诈勒索罪。二审法院认为，本案中孟某等人在超市寻找过期食品，购买后以每单1000元向超市索赔，未超出《食品安全法》规定的惩罚性赔偿范围。在索赔过程中声称不赔偿将向市场监管部门举报或向法院起诉，以此获取赔偿款，其索赔方式符合《消费者权益保护法》规定的关于消费者与经营者争议解决的途径，并不违反法律规定。孟某等人的上述行为不符合敲诈勒索罪的犯罪构成，不应认定为敲诈勒索罪。

笔者也认为本案不构成敲诈勒索罪，具体如下：

一、只有法律明文规定为犯罪行为，才能予以刑罚

根据罪行法定原则，法律明文规定为犯罪行为的，按照法律规定定罪处罚；法律没有明文规定为犯罪行为的，不得定罪处罚。

根据《最高人民法院关于审理食品药品纠纷案件适用法律若干问题的规定》第三条"因食品、药品质量问题发生纠纷，购买者向生产者、销售者主张权利，生产者、销售者以购买者明知食品、药品存在质量问题而仍然购买为理由进行抗辩的，人民法院不予支持"，《最高人民法院办公厅对十二届全国人大五次会议第5990号建议的答复意见》关于"对知假买假行为如何处理、知假买假者是否具有消费者身份的问题"中亦进一步明确"考虑食药安全问题的特殊性及现有司法解释和司法实践的具体情况，我们认为目前可以考虑在除购买食品、药品之外的情况，逐步限制职业打假人的牟利行为"。由此可见，从司法精神层面，目前我国对职业打假人"知假买假"的牟利行为已经逐步进行了限制，但"知假买假"的行为还没有进入我国《刑法》涵盖的范畴。

本案中，孟某等人"知假买假"购买过期食品并以此索要赔偿，虽有不当之处，但不具有违法性，更没有上升到触犯《刑法》的高度。

二、孟某等人索赔的方式和金额并未超过合理限度

就索赔方式而言，孟某等人威胁超市"如不赔偿就向市场监管部门举报或向法院起诉"，这种威胁属于"合法的威胁"，因举报和起诉都是合法的救济途径，孟某等人索赔的方式符合《消费者权益保护法》中关于消费者与经营者解决争议途径的规定，应当受到法律保护。

就索赔金额而言，根据《食品安全法》第一百四十八条第二款之规定，因购买不符合食品安全标准的食品受到损害的，消费者可主张价款十倍或者损失三倍的赔偿金；增加赔偿的金额不足一千元的，为一千元。本案中，孟某等人的索赔主张为一千元，并未超出上述惩罚性赔偿金额的上限，不应认定为敲诈勒索罪。

三、如索赔方式或金额超法定限度，孟某等人可能涉嫌犯罪

如果孟某等人对超市经营者通过"不赔偿就砸店"等方式索要赔偿，则属于恐吓、要挟行为；如果孟某等人通过调包等手段，用过期食品替换超市正常在售食品后进行索赔，则属于恶意索赔。以上两种行为都可能涉嫌刑事犯罪。

另外，如果孟某等人向超市主张的惩罚性赔偿金额远远超出法定限度，也可能会涉嫌敲诈勒索罪，需要承担相应的法律后果。

75. 强奸犯逃跑后被追打成重伤，是故意伤害还是正当防卫？

□ 郜芬芬

【案情简介】

吴某一路尾随小珂，随后翻进小珂家中，趁小珂到房间未将门关好，进入了小珂的房间。进入房间后，吴某"坦言"要与小珂发生性关系。小珂坚决反抗，还咬了他。小珂在激烈反抗的同时，大声喊"爸爸"求救。高某听到女儿的呼喊声，赶到隔壁女儿的房间。看到一陌生男子吴某捂着女儿小珂的嘴想强奸，气愤的高某抡起凳子想打吴某，但没打到。吴某趁机逃脱，吴某在前面跑，高某拿着圆凳紧追其后，追出几百米后，高某终于追上吴某。高某上去就拿凳子打吴某，其中有几下重重地打到吴某的头部。最终，高某将吴某制服并拉回家。在家中，高某的妻子和小珂又打了吴某，后报警。

在公安机关对吴某进行讯问的过程中，发现吴某情况异常，将其送往医院治疗。后经司法鉴定，吴某为外伤，头部后右侧硬膜下血肿，损伤构成了重伤。

在强奸犯吴某被追究刑事责任的同时，高某也被关进了看守所。

【处理结果】

检察院以故意伤害罪将高某批准逮捕。

【律师解读】

在本案中高某被批准逮捕,群众可能会从感情的角度对高某表示同情,甚至认为他不该接受法律的惩罚。其实不然,对违法分子进行处罚只能由司法机关依法进行。私自对犯罪分子用"私刑"同样是一种违法行为。

有些人可能会提出高某的行为性质是"正当防卫",但"正当防卫"是指对正在进行不法侵害行为的人,而采取的制止不法侵害的行为,对不法侵害人造成损害的,属于正当防卫,不负刑事责任。它应该符合下列条件:1. 有不法侵害发生;2. 必须是在不法侵害正在进行的时候;3. 正当防卫不能超越一定限度;4. 正当防卫必须基于保护合法权益免受不法侵害的目的;5. 正当防卫所针对的,必须是不法侵害者本人。

本案不属于不法侵害正在进行,还未结束。高某将吴某打伤的时间是吴某已经逃脱之后。也就是说,吴某的强奸行为已经结束,所谓的"不法侵害"已经不存在。开始时间之前或者结束时间之后进行的防卫,属于防卫不适时。具体分为:事前防卫(事前加害)或者事后防卫(事后加害)。防卫不适时不属于正当防卫,有可能还会构成犯罪。

因此,依据我国的刑法正当防卫理论,高某的行为不符合正当防卫的时间和其他条件,是"事后防卫""防卫不适时"。高某对强奸犯吴某仍然存在伤害的主观故意,因而,高某同样构成故意伤害罪。

当然,由于本案的被害人吴某行为上存在重大过错,司法机关在量刑时也会酌定对高某从轻处罚。

笔者提醒,在受到了犯罪分子不法侵害后,反过来对犯罪分子"施害"同样是犯罪。正确的解决途径是及时报警,通过司法渠道解决问题,不能私自对犯罪分子进行处罚,否则就会由"受害方"转变为"施害方"。

76. 民间借贷行为涉嫌非法集资犯罪，应如何处理？

□ 安思霖

【案情简介】

孙某与某公司签订借款协议，约定孙某借给该公司 5 万元人民币，利率按年 24% 计算。后该公司涉嫌非法吸收公众存款罪被立案调查。故孙某向法院起诉，请求判令：1. 解除孙某与该公司签订的借款协议；2. 该公司给付孙某借款本金 5 万元、利息 6150 元以及逾期利息损失。一审法院认为：立案后查明，本诉争民间借贷行为涉嫌非法集资犯罪，故对孙某的起诉予以驳回，孙某不服提起上诉。

【判决结果】

二审法院作出民事裁定，驳回上诉，维持原裁定。

【律师解读】

民间借贷行为涉嫌非法集资犯罪时，涉及民刑交叉问题，此类案件有时会与集资诈骗案件交织在一起。

根据《最高人民法院关于审理民间借贷案件适用法律若干问题的规定》第 5 条第 1 款规定：人民法院立案后，发现民间借贷行为本身涉嫌非法集资等犯罪的，应当裁定驳回起诉，并将涉嫌非法集资等犯罪的线索、材料移送公安或者检察机关。《最高人民法院关于在审理经济纠纷案件中涉及经济犯罪嫌疑若干问题的规定》第 11 条规定：人民法院作为经济纠纷受理的案件，经审理认为不属经济纠纷案件而有经济犯罪嫌疑的，应当裁定驳回起诉，将有关材料移送公安机关或检察机关。因此，鉴于一审法院已经查明本案争议涉及的借贷行为涉嫌非法集资，根据上述规定，一审法院所做裁定并无不当，二审法院应予以维持。

若人民法院立案后，发现与民间借贷纠纷案件虽有关联，但不是同一事实的涉嫌非法集资等犯罪的线索、材料的，人民法院应当继续审理民间借贷纠纷案件，并将涉嫌非法集资等犯罪的线索、材料移送公安或者检察机关。但本案中，法院立案经审查后，发现孙某与该公司的民间借贷行为不仅有关联且涉嫌非法集资犯罪，故不属于继续审理的情形。因此，法院对孙某的诉求予以驳回。

由此可见，根据以上最高人民法院出台的相关规定，对于非法集资类犯罪，需要统一进行刑事处理。这主要考虑到非法集资类犯罪是涉众型犯罪，涉及不特定多数人的利益，被害人数较多，如果单一的进行民事诉讼会影响到每个受害人的公平受偿问题，此举便是为了防止有的受害人获得清偿而有的受害人却可能得不到补偿。裁定驳回起诉后，由于刑事侦查具有结果的不确定性，人民法院认定涉嫌刑事犯罪，移送公安或者检察机关后，会有以下几种情况：1. 有可能不被立案。2. 立案后被撤销。3. 或者检察机关作出不起诉决定。4. 法院认定不构成非法集资犯罪。在前面几种情况下，由于当事人的权利未经过任何的救济，不属于一事不再理的范畴，应当允许当事人另行起诉，对自己的损失予以救济。

综上，民间借贷行为涉嫌非法集资犯罪时，出借人不能直接向法院提起民事诉讼。否则，法院会裁定驳回起诉。

第三部分 公司法篇

77. 法定代表人以公司的名义提供的担保，对公司是否有效？

□ 曲衍桥

【案情简介】

2013年10月7日，蒋某与李某签订《借款担保合同》，合同约定蒋某向李某借款人民币1372万元整。周某作为A公司的法定代表人以公司的名义在该合同上进行担保签字并加盖了A公司的公章。合同签订后，李某依约向蒋某支付了借款。后蒋某未按约定归还借款，李某起诉至法院，诉请蒋某偿还借款本息，并要求A公司承担连带保证责任。

A公司在法庭抗辩称，周某以公司的名义进行担保的行为并未经过公司股东会决议，违反了《公司法》第十六条的规定。因此，A公司不应当对此承担连带保证责任。

【判决结果】

判决被告蒋某偿还借款本息，驳回原告李某的其他诉讼请求。

【律师解读】

在实际生活中，人们会经常遇到法定代表人以公司的名义对外提供担保的现象，因此，其效力问题则成为法律实务中所关注的焦点。笔者结合办案经验认为法定代表人以公司名义进行有效担保主要包括以下三种情形：

一、担保行为构成表见代表或表见代理

法院在认定法定代表人的担保行为是否构成表见代表或表见代理时，往往侧重于调查相对人是否对公司章程、董事会、股东会或者股东大会决议等与担保相关的文件进行了形式上的审查。该审查范围通常为同意担保的决议是否由公司有权决议机构作出、该决议是否经法定或章程规定的多数通过以及参与决议表决人员是否为公司章程载明的股东或者董事等。这里要注意的是,法院及相关法规对于上市公司的规定有所不同,一般而言,上市公司为他人提供担保,相对人依据法律规定进行形式审查的,应当以上市公司公开披露的信息为准。

法院对于公司决议内容的审查一般限于形式上的审查,只要求债权人尽到必要的注意义务。因此,其对于审查标准也不会过于严苛。如果公司以决议系法定代表人伪造或变造、决议形式的程序违法、签章或签名不实、担保金额超过法定限额等事由抗辩的,人民法院一般不予以支持。另外,在实践中,有限责任公司经常以备案章程所记载的内容为由主张抗辩,以此来证明第三人是恶意的,进而否定法定代表人未经授权的对外担保行为。笔者认为,公司章程其实对第三人并无约束效力,第三人对此也不负有审查义务,仅凭公司章程的记载或备案就认定法定代表人超越权限从而断定第三人为恶意,是不会被法院所支持的。

二、公司在事后予以追认

公司章程规定公司为他人提供担保需要由董事会决议,而实际上作出担保的决议是经过公司股东会或者股东大会同意的,应当被认定为公司同意或者追认担保。而如果公司章程没有约定为他人提供担保的决议机构,相对人主张担保行为是由董事会同意或者追认为由要求公司承担担保责任的,只要不是公司为公司股东或者实际控制人提供担保的,法院一般会予以支持。

三、例外情形

值得注意的是,并非债权人知道或者应当知道没有公司决议就会被认定为担保合同无效。根据《九民纪要》的相关规定,如果存在下列四种情形,即使债权人明知不存在公司决议,担保合同仍然有效。

1. 公司是以为他人提供担保为主营业务的担保公司,或者是开展保函业务的银行或者非银行金融机构。

2. 公司为其直接或者间接控制的公司开展经营活动向债权人提供

担保。

3. 公司与主债务人之间存在相互担保等商业合作关系。

4. 担保合同系由单独或者共同持有公司三分之二以上有表决权的股东签字同意。

四、律师建议

当在现实生活中发生法定代表人以公司名义进行担保行为时，为防止公司利益遭受损害，公司应该在其章程中明确规定公司进行对外担保决策的机构、程序以及担保数额的限制。同时，也应当在章程中对法定代表人对外担保的权力范围进行限制，如果限制得当，当发生法定代表人未经同意擅自对外担保的情况时，则可以主张该担保对公司无效。

同时，律师建议相关债权人在接受担保时，应当要求对方提供公司章程。按照其章程的有关规定，要求对方提供章程所约定的符合担保决策程序的决议文件。一般情况下，需要审查担保决议是否由章程规定的决议机构作出，是否为多数表决通过，参与表决的人员是否符合公司章程规定，担保数额是否超过了章程规定的数额。如果该公司章程在对外担保方面并没有相关规定及限制，则应要求法定代表人出具公司开具的《授权委托书》，证明其具有对外担保的权利，其担保行为是公司的真实意思表示。在法定代表人无法提供的情况下，可以与债务人公司协商更换担保人或者担保方式，以避免不必要的法律风险。

78. 公司盈利状态下股东"打架"，可以解散公司吗？

□ 杨 倩

【案情简介】

A 公司成立于 2002 年 1 月，林某与戴某系该公司股东，各占 50% 的股份，戴某任公司法定代表人及执行董事，掌控着公司的财务及经营权，林某任公司总经理兼公司监事。2006 年起，林某与戴某两人之间的矛盾逐渐显现。同年 5 月 9 日，林某提议并通知召开股东会，由于戴某认为林某没有召集会议的权力，会议未能召开。从 2006 年 6 月 1 日至今，A 公司未召开过股东会。同年 6 月至 10 月，林某与戴某多次以函件形式沟通公司解散及查阅公司财务账册、分配公司收入等事宜，但双方无法对公司解散事宜达成一致，戴某亦未提供公司财务账册等以供林某查询。服装城管委会调解委员会于 2009 年 12 月 15 日、16 日两次组织双方进行调解，但均未成功。A 公司至今处于盈利状态。林某为了维护自己的权利和公司权益，诉至法院请求判令解散 A 公司，并成立清算组依法进行清算，待清算结束后办理 A 公司的工商注销登记手续。

【判决结果】

一审法院判决驳回林某诉讼请求。
二审法院判决撤销一审判决，依法改判解散 A 公司。

【律师解读】

《中华人民共和国公司法》第一百八十二条规定公司经营管理发生严重困难，继续存续会使股东利益受到重大损失，通过其他途径不能解决的，持有公司全部股东表决权百分之十以上的股东，可以请求人民法院解散公司。

《最高人民法院关于适用《中华人民共和国公司法》若干问题的规定（二）》第一条规定单独或者合计持有公司全部股东表决权百分之十以上的股东，以下列事由之一提起解散公司诉讼，并符合公司法第一百八十二条规定的，人民法院应予受理：

一、公司持续两年以上无法召开股东会或者股东大会，公司经营管理发生严重困难的。

二、股东表决时无法达到法定或者公司章程规定的比例，持续两年以上不能做出有效的股东会或者股东大会决议，公司经营管理发生严重困难的。

三、公司董事长期冲突，且无法通过股东会或者股东大会解决，公司经营管理发生严重困难的。

四、经营管理发生其他严重困难，公司继续存续会使股东利益受到重大损失的情形。

根据以上法律规定，可以看出在本案中，林某作为 A 公司股东，占股50%，享有司法解散请求权是毋庸置疑，那为何二审法院和一审法院会作出截然相反的判决呢？本案的关键在于公司是否符合司法解散的条件。从本案的审理过程中可以看出"公司经营管理发生严重困难"是司法解散的情形之一，判断"公司经营管理是否发生严重困难"，应从公司组织机构的运行状态进行综合分析，如股东会机制失灵无法就公司的经营管理进行决策、监督机构无法正常行使监督职权等，不应片面理解为公司资金缺乏、严重亏损等经营性困难。本案中，二审法官根据林某提交的种种证据材料，认定 A 公司存在《公司法解释二》第一条规定的经营管理发生严重困难且无法通过其他途径解决的情况，符合司法解散条件，故此改判。

综上，公司司法解散不应片面的以公司是否盈利为依据，而应当从公司的实际经营管理状况出发判决是否需要解散。公司经营管理过程中发生严重困难，公司继续经营股东将会遭受巨额损失，没有其他途径可以解决的情况下，即使公司处于盈利状态，仍可以认定《公司法》规定的公司经营管理发生严重困难，符合司法解散的条件。此时股东"及时止损"提起司法解散请求权不仅可以维护股东自身的利益，更可以让公司形象得以留存。

79. 股东出资到位，是否承担公司债务？

□ 陈 微

【案情简介】

A 公司向某银行借款 200 万元，双方在公证处办理了《具有强制执行效力的债权文书》公证，B 公司作为担保人在借款协议上签字，某银行将借款发放给 A 公司后，A 公司未在借款协议约定的时间内偿还银行借款，经法院审理后判决 A 公司和 B 公司对某银行债务承担连带还款责任。

判决生效后，在执行过程中，某银行将债权转让给某资产公司，某资产公司成为新债权人参与执行，执行过程中发现 A 公司和 B 公司均已被市场监督管理部门吊销营业执照，某资产公司为了实现追回债权的目的，以 B 公司股东未实际出资到位为由，申请追加 B 公司的股东为被执行人，承担 A 公司的还款责任。

【判决结果】

裁定驳回某资产公司提出追加 B 公司股东为被执行人的申请。

【律师解读】

案件审理中查明：B 公司股东以实物出资，出资后经会计师事务所出具《开业验资报告》，验证结果为股东的实物出资均已缴纳完毕，具体实物评估值依据资产评估事务所出具的《资产评估报告书》显示，资产评估值与实物资产原值相等。实践中，低于资产原值出资符合法律规定。B 公司股东的实物出资同时有购买实物的发票作为证据加以证明，之后，会计师事务所出具《审计报告》，B 公司股东均与 B 公司签订财产转让协议，实物资产入账 B 公司。

某资产公司未证明 B 公司股东未实际出资到位的事实，向法院提交了 B 公司股东作为出资实物购买的公司出具的发票为虚假的《说明函》。法院经审理后认为，《说明函》证明力尚不足以完全否定当时评估、验资及审计过程的真实存在，在缺乏依法履职主体直接证明的情况下，仅以间接证明材料否定实物出资的真实性，事实依据存在不足。对此法院主张不予认可，没有支持某资产公司的追加被执行人申请。

本案中，某资产公司追加 B 公司股东的依据是《最高人民法院关于民事执行中变更、追加当事人若干问题的规定》第十七条规定："作为被执行人的企业法人，财产不足以清偿生效法律文书确定的债务，申请执行人申请变更、追加未缴纳或未足额缴纳出资的股东、出资人或依公司法规定对该出资承担连带责任的发起人为被执行人，在尚未缴纳出资的范围内依法承担责任的，人民法院应予支持。"

根据上述规定，本案中作为被执行人的 B 公司，虽然财产不足以清偿生效法律文书确定的债务，某资产公司有权申请追加未缴纳或未足额缴纳出资的 B 公司股东，作为 B 公司债务承担连带责任的被执行人，法院是支持的。而追加已经实际足额出资到位的 B 公司的股东的申请，是不会获得法院的支持的。所以，本案中，法院没有支持某资产公司要求追加 B 公司股东为被执行人的申请。

80. 公司法定代表人越权担保，担保效力如何认定？

□ 葛 冰

【案情简介】

2017年9月27日，安某与吉林信托签订《信托合同》，受益人为安某。合同约定，信托资金由吉林信托按照委托人安某的意愿，向安某指定的某建公司发放信托贷款。吉林信托与某建公司签订《信托贷款合同》。同日，安某与郭某签订《差补和受让协议》。协议中明示，郭某为某建公司的实际控制人，愿意以差额补足及受让安某信托受益权的方式为安某的信托本金及收益的按期足额获取，提供担保责任。

2017年9月28日，安某与上市公司某通公司签订《保证合同》。约定某通公司时任法定代表人、实际控制人郭某依据《差补和受让协议》应向安某支付的差额补足款、信托受益权转让价款、违约金，以及安某为实现上述债权而发生的费用向安某承担连带保证责任。

2017年10月11日，吉林信托按照《信托贷款合同》约定，将2亿元信托贷款发放给某建公司，贷款期限1年。某建公司依照《信托贷款合同》支付利息至2018年8月21日，后未再履行付息义务，郭某亦未按照《差补和受让协议》约定向安某补足差额，受让信托受益权。

后安某向一审法院起诉，请求判令郭某承担差额补足和信托受益权远期受让的义务，并请求判令某通公司对郭某的义务承担连带保证责任。

【判决结果】

一审判决某通公司依约承担保证责任。一审判决后，某通公司提起上诉，请求撤销一审判决，依法改判或发回重审。

二审判决《保证合同》无效，某通公司对于合同无效亦存在过错。安某提起再审，请求撤销二审判决，依法改判。

最高人民法院驳回安某的再审申请。

【律师解读】

本案的核心争议焦点：郭某代表某通公司签订的案涉《保证合同》是否对公司发生效力，代表行为是否有效？

一、违反《公司法》第16条规定，订立担保合同的属于越权代表

根据《公司法》第16条规定："公司向其他企业投资或者为他人提供担保，依照公司章程的规定，由董事会或者股东会、股东大会决议；公司章程对投资或者担保的总额及单项投资或者担保的数额有限额规定的，不得超过规定的限额。公司为公司股东或者实际控制人提供担保的，必须经股东会或者股东大会决议。前款规定的股东或者受前款规定的实际控制人支配的股东，不得参加前款规定事项的表决。该项表决由出席会议的其他股东所持表决权的过半数通过。"

此外，《全国法院民商事审判工作会议纪要》（以下简称"九民纪要"）第17条规定明确："为防止法定代表人随意代表公司为他人提供担保给公司造成损失，损害中小股东利益，《公司法》第16条对法定代表人的代表权进行了限制。根据该条规定，担保行为不是法定代表人所能单独决定的事项，而必须以公司股东（大）会、董事会等公司机关的决议作为授权的基础和来源。法定代表人未经授权擅自为他人提供担保的，构成越权代表……。"

本案中，某通公司章程明确规定，公司不得为控股股东提供担保，公司为股东、实际控制人提供担保须经股东大会以特别决议通过。郭某代表某通公司对外签订《保证合同》，没有证据证明经过了股东大会决议，其行为属于越权代表。

二、越权代表订立担保合同，债权人善意的，代表行为有效；反之，代表行为无效

《民法典》实施前,《合同法》第 50 条规定:"法人或者其他组织的法定代表人、负责人超越权限订立的合同,除相对人知道或者应当知道其超越权限的以外,该代表行为有效。"

《九民纪要》对关于公司为他人提供担保的合同效力问题,统一了审判实践中的裁判尺度。第 17 条明确:"……人民法院应当根据《合同法》第 50 条关于法定代表人越权代表的规定,区分订立合同时债权人是否善意分别认定合同效力:债权人善意的,合同有效;反之,合同无效。"

《民法典》实施后,其合同编第 504 条规定:"法人的法定代表人或者非法人组织的负责人超越权限订立的合同,除相对人知道或者应当知道其超越权限外,该代表行为有效,订立的合同对法人或者非法人组织发生效力。"

此外,《最高人民法院关于适用＜中华人民共和国民法典＞有关担保制度的解释》第七条规定:"公司的法定代表人违反公司法关于公司对外担保决议程序的规定,超越权限代表公司与相对人订立担保合同,人民法院应当依照民法典第六十一条和第五百零四条等规定处理:(一)相对人善意的,担保合同对公司发生效力;相对人请求公司承担担保责任的,人民法院应予支持。(二)相对人非善意的,担保合同对公司不发生效力;相对人请求公司承担赔偿责任的,参照适用本解释第十七条的有关规定。法定代表人超越权限提供担保造成公司损失,公司请求法定代表人承担赔偿责任的,人民法院应予支持。第一款所称善意,是指相对人在订立担保合同时不知道且不应当知道法定代表人超越权限。相对人有证据证明已对公司决议进行了合理审查,人民法院应当认定其构成善意,但是公司有证据证明相对人知道或者应当知道决议系伪造、变造的除外。"

值得注意的是,上述规定对《九民纪要》进行了完善,公司对外担保首先应认定代表行为的效力,即担保合同是否对公司发生效力,而非直接认定合同效力。如果担保合同对公司不发生效力,则无论合同是否有效,公司均不承担责任,而由法定代表人或者负责人履行合同义务或承担赔偿责任。

故公司法定代表人越权代表行为是否有效,订立的合同对公司是否发生效力，取决于相对人是否属于善意相对人。

三、在债权人善意的判断标准上，对关联担保的相对人提出更高的注意义务

在债权人善意的判断标准上，应当区别关联担保与非关联担保。《九民纪要》明确了对善意的认定，指出《公司法》第 16 条关联担保和非关联担保在善意的判断标准上应当有所区别。"为公司股东或者实际控制人提供关联担保，《公司法》第 16 条明确规定必须由股东（大）会决议，未经股东（大）会决议，构成越权代表。在此情况下，债权人主张担保合同有效，应当提供证据证明其在订立合同时对股东（大）会决议进行了审查，决议的表决程序符合《公司法》第 16 条的规定……"。上述对关联担保的相对人提出更高的注意义务。债权人不仅需要对股东（大）会决议进行审查，还应当审查表决程序是否符合法律和章程规定。

本案中，郭某在签订案涉《保证合同》时是某通公司的法定代表人，其以某通公司名义为自己的债务提供担保，属于关联担保。因此，相对人安某应当审查担保合同是否符合《公司法》第 16 条的规定，经公司股东会或者股东大会决议，是否满足法定或章程约定的程序和表决权要件。

另，某通公司属于上市公司，涉及众多中小股东利益。法定代表人郭某未经授权，代表公司对外提供担保给公司造成损失，损害公司及其他中小股东利益。再审法院亦认为，在上市公司对公司股东、法定代表人提供关联担保的纠纷中，相较于中小股东的信息不对称，相对人应承担更高的注意义务。

综上，本案中，安某未提交充分有效的证据证明其对郭某签订案涉《保证合同》经过某通公司股东大会决议进行了审查。安某未尽到应尽的注意义务，不属于善意相对人。

因本案二审法院最高院的判决发生在《民法典》实施前，其判决体现了《九民纪要》的裁判要领与精神，对案涉《保证合同》的效力直接作出认定。《民法典》实施后，应首先认定担保合同对公司是否发生效力，代表行为是否有效，而非直接认定担保合同的效力。

81. 为何转让境外公司的股权，也要在中国缴税？

□ 王 阳

【案情简介】

杭州国某桥公司在 2005 年 10 月取得杭州绕城高速公路的收费经营权。国某桥公司有香港某公司与某市国叶公司两个股东，其中香港某公司占 95% 的股份。Chinese Future Corporation 公司（以下简称 CFC 公司）持有香港某公司 100% 的股权。2003 年 11 月，儿童投资主基金（The Children's Investment Master Fund）在开曼群岛注册成立。儿童投资主基金在 2005 年 11 月通过股权转让和认购新股方式取得了 CFC 公司 26.32% 的股权。该份股权又于 2011 年 9 月转让给 Moscan Developments Limited（以下简称 MDL 公司），转让价格为 2.8 亿美元，另收取利息约 380 万美元。

即儿童投资主基金通过"儿童投资主基金——CFC——香港某公司——国某桥公司"的股权层级安排转让了 CFC 公司的股权，从而间接转让了杭州国某桥公司的股权。税务机关认为儿童投资主基金应按转让所得的 10% 依法申报缴纳企业所得税。

国家税务总局于 2013 年 7 月明确批复：本案存在有关公司仅在避税地或低税率地区注册，不从事制造、经销、管理等实质性经营活动，股权转让价主要取决于国某桥公司估值，股权受让方对外披露收购的实际标的为国某桥公司股权等事实，税务机关有较充分的理由认定相关交易不具有合理商业目的，属于以减少我国企业所得税为主要目的的安排。据此，西湖区国税局在与儿童投资主基金沟通后于 2013 年 11 月作出《税务事项通知书》，要求其就上述交易申报缴纳企业所得税人民币 1 亿余元。儿童投资主基金不服，向杭州市国税局申请复议未果后诉至法院，请求判决撤销上述《税务事项通知书》。

【判决结果】

一审法院驳回原告儿童投资主基金的诉讼请求。

儿童投资主基金上诉后，某省高级人民法院二审以基本相同的理由判决驳回上诉、维持原判。

儿童投资主基金申请再审，最高人民法院裁定驳回儿童投资主基金的再审申请。

【律师解读】

原审认定事实来源于税务机关通过调查所得出的结论，围绕涉案公司的注册地点、股权转让的具体数额与方式、股权收购的实际标的、转让所得的实际来源、转让价格的决定因素以及股权交易的动机与目的等要素，均有充分证据予以证明。有关征税对象、标准的确定亦符合中国相关法律规定和税收政策的具体要求。本案事关税收法律法规和政策的把握，事关如何看待中华人民共和国税务机关处理类似问题的基本规则和标准，事关中国政府涉外经贸管理声誉和外国公司与中国公司合法权益的平等保护，在经过人民法院严格的司法审查且再审申请人缺乏充分证据证明被诉行政行为违法的情形下，原审生效裁判效力应予维持。

间接转让的"698号文"规定如下：

根据《国家税务总局关于加强非居民企业股权转让所得企业所得税管理的通知》（国税函（2009）698号）（简称"698号文"）第六条的规定，境外投资方（实际控制方）通过滥用组织形式等安排间接转让中国居民企业股权，且不具有合理的商业目的，规避企业所得税纳税义务的，主管税务机关层报税务总局审核后可以按照经济实质对该股权转让交易重新定性，否定被用作税收安排的境外控股公司的存在。

法院判决中认为，税务机关对原告间接转让杭州国某桥公司股权的交易重新定性，否定被用作税收安排的CFC公司和香港某公司的存在，对原告取得的股权转让所得征收企业所得税，符合"698号文"第六条的规定。

在上述案例中最高法指出人民法院通过裁判的方式彰显了中国税收主权和通行的国际征税规则，保护了涉外经贸领域的国家合法权益，因此本案具有重要的指导意义。税务机关对非居民企业的监管水平正不断提高。因此，非居民企业如果发生转让中国应税财产的情况，应及时向有关部门备案，合规在中国缴纳税款。

间接转让的"7号公告"规定如下：

698号文现在已经全文废止，现行合法有效的是国家税务总局公告2015年第7号《关于非居民企业间接转让财产企业所得税若干问题的公告》（简称"7号公告"），第一条规定了非居民间接转让中国居民企业股权等财产应履行哪些纳税义务：非居民企业通过实施不具有合理商业目的的安排，间接转让中国居民企业股权等财产，规避企业所得税纳税义务的，应按照企业所得税法第四十七条"企业实施其他不具有合理商业目的的安排而减少其应纳税收入或者所得额的，税务机关有权按照合理方法调整"的规定，重新定性该间接转让交易，确认为直接转让中国居民企业股权等财产。

"7号公告"的第四条规定了出现什么情况，属于"不具有合理商业目的"的情形：

（1）境外企业股权75%以上价值直接或间接来自中国应税财产。

（2）间接转让中国应税财产交易发生前一年内任一时点，境外企业资产总额的90%以上直接或间接由在中国境内的投资构成，或间接转让中国应税财产交易发生前一年内，境外企业取得收入的90%以上直接或间接来源于中国境内。

（3）境外企业及直接或间接持有中国应税财产的下属企业虽在所在国家（地区）登记注册，以满足法律所要求的组织形式，但实际履行的功能及承担的风险有限，不足以证实其具有经济实质。

（4）间接转让中国应税财产交易在境外应缴所得税税负，低于直接转让中国应税财产交易在中国的可能税负。

"7号公告"是对"698号文"的精神继承和延续。对非居民企业间接转让中国居民企业股权等财产的企业所得税管理进行了规制，指出判断合理商业目的，应整体考虑与间接转让中国应税财产交易相关的所有安排。准确判定"合理商业目的",对于避免非居民间接股权转让税务上的风险具有重要的意义。

82. 公司法人人格否定之诉中,法院如何认定"资本显著不足"?

□ 葛　冰

【案情简介】

2016年11月5日,某茂公司（供方）与某佩克公司（需方）签订《产品购销合同》A,约定：某佩克公司自某茂公司处采购95号车用汽油,金额88,666,000元；合同有效期限至2016年12月5日。

2016年11月8日,某茂公司（供方）与某赛公司（需方）签订《产品购销合同》,除总金额为51,550,000元,合同有效期限至2016年12月8日。其他约定与《产品购销合同》A一致。

2016年11月,某茂公司（需方）与三角洲公司（供方）补签了22份《产品购销合同》,合同载明签订时间为2016年10月5日至2016年10月26日。上述合同其他约定均与《产品购销合同》A一致,合同有效期限均为自合同签订之日起一个月。某佩克公司、某赛公司称,上述合同均为其与三角洲公司签订,某茂公司并未与三角洲公司直接洽谈并签订。

2016年12月5日,某佩克公司、某赛公司（甲方）与三角洲公司（乙方）补签了落款时间为2016年10月3日的《代理采购合作协议》。该合作协议第二条"合作内容"约定：……甲方付款给某茂公司,由某茂公司付款给乙方。

三角洲公司为履行《代理采购合作协议》进行了备货。自2016年11月28日至12月5日,三角洲公司收到自某茂公司账户转来的货款103,051,710.17元。某佩克公司、某赛公司认可三角洲公司已经采购完毕货物，亦向三角洲公司出具了收货确认书。

2016年11月28日至12月5日，某佩克公司、某赛公司共计向某茂公司账户转款107，134，710.17元。2016年12月5日，某茂公司的股东张某账户收到自某茂公司账户分三笔转来的408.3万元。某茂公司称，该转款系其自由处分公司资金行为。

某茂公司注册成立于2016年10月25日，注册资本金2000万元。股东张某认缴出资1000万元，李某认缴出资1000万元，出资时间为2018年10月25日。企业信息载明法定代表人为张某。

某佩克公司、某赛公司诉至法院请求张某和李某在某茂公司设立时认缴出资额范围内，对某茂公司应当返还某佩克公司、某赛公司货款408.3万元的责任承担连带责任。

【判决结果】

一审法院某高院，判决某茂公司返还某佩克公司、某赛公司货款408.3万元；驳回某佩克公司、某赛公司的其他诉讼请求。某佩克公司、某赛公司提起上诉。

二审法院最高人民法院，判决维持一审判决第一项；改判张某向某佩克公司、某赛公司返还408.3万元。

【律师解读】

本案的核心争议焦点：张某、李某应否在某茂公司设立时认缴出资额范围内对该项债务承担连带责任。

一、法院如何判定某茂公司股东张某承担连带责任？

某茂公司注册成立于2016年10月25日，注册资本为2000万元，但股东的认缴出资期限为2038年10月25日，实缴出资为0元。张某和李某也未按法院要求提交出资证明，说明确未履行出资义务。

而某茂公司从事的经营行为，仅与本案有关的合同纠纷标的额就高达上亿元。故可以认定，某茂公司在设立后的经营过程中，其股东实际投入公司的资本数额与公司经营所隐含的风险相比明显不相匹配。股东利用较少资本从事力所不能及的经营，表明其没有从事公司经营的诚意。且某茂公司在股东没有任何实际出资的情况下，股东张某擅自转走某茂公司的账内资金408.3万元，导致某茂公司缺乏清偿能力，严重损害公司债权人的利益，其实质是滥用公司独立人格和股东有限责任把投资风险转嫁给债权人。

故本案中，公司股东张某存在出资不实、滥用股东地位的事实。在某茂公司占有408.3万元，构成不当得利，应当返还某佩克公司、某赛公司的情形下，法院认定张某应在某茂公司设立时，认缴出资额范围内对某茂公司债务承担连带责任。

二、公司法人人格否认情形之"资本显著不足"的认定标准？

"资本显著不足"是公司法人人格否认的典型情形之一。2013年，公司法资本登记制度发生变化，注册资本认缴制确立。随之，众多公司存在股东认而未缴或者认而不缴的情形，一旦发生债务不能偿还的情形，就会增加公司被认定为"资本显著不足"的风险。

2005年，《公司法》正式确立公司人格否定制度。其第20条第3款规定："公司股东滥用公司法人独立地位和股东有限责任，逃避债务，严重损害公司债权人利益的，应当对公司债务承担连带责任。"但是，《公司法》并未单独设定"资本显著不足"的认定标准。最高人民法院在《关于严格规定公司人格否定制度适用条件的建议及答复》指出，适用人格否认制度必须同时具备《公司法》第20条第3款所规定的主体要件、行为要件和结果要件。因此，认定公司"资本显著不足"亦应同时具备上述要件。

2019年，《全国法院民商事审判工作会议纪要》（以下简称："《九民纪要》"），对"资本显著不足"的概念作出厘清，资本显著不足指的是，公司设立后在经营过程中，股东实际投入公司的资本数额与公司经营所隐含的风险相比明显不匹配。股东利用较少资本从事力所不能及的经营，表明其没有从事公司经营的诚意，实质是恶意利用公司独立人格和股东有限责任把投资风险转嫁给债权人。由于资本显著不足的判断标准有很大的模糊性,特别是要与公司采取"以小博大"的正常经营方式相区分。因此,在适用时要十分谨慎,应当与其他因素结合起来综合判断。

上述条款对判断是否属于"资本显著不足"的标准的规定依然较为模糊。但是结合《公司法》与《九民纪要》规定的精神,公司法人人格否认情形之"资本显著不足"的认定标准主要包括如下要件:

一是客观上公司股东实际投入公司的资本与公司经营风险间明显不相匹配,公司偿债能力显著不足;

二是主观上股东具有滥用股东有限责任的主观恶意、主观过错明显;

三是结果上股东的滥用行为严重损害了债权人的利益,公司无法清偿债权人对公司的债权数额或者比例较大。

需要特别注意的是这里的"资本"指实际投入资本而非注册资本,"公司经营风险"则需要结合案涉金额、行业性质、经营规模、负债规模所要求的公司资本等因素综合判断。

正如本案中,并非仅因股东出资不实而适用公司法人人格否认。而是因股东实际投入公司的资本与所从事经营的风险相差悬殊,且股东张某擅自转走公司账户的钱款,存在恶意滥用法人独立地位的情形,法院据此综合判定股东张某应当承担连带责任。

此外,《九民纪要》特别提出,对于以"资本显著不足"为由对公司法人人格进行否认需要十分谨慎,特别是要与公司采取"以小博大"的正常经营方式相区分。实务中,法院对于否认公司独立人格单依"资本显著不足"主张否认公司人格的空间较小,亦需要结合其他因素综合判断,特别是判断股东是否违背诚实信用原则,是否具有滥用股东有限责任的主观恶意尤为重要。但随着最低注册资本额制度的取消,因公司"资本显著不足"而单独适用公司法人人格制度的相关案例会逐渐增多。

83. 股权转让存在重大瑕疵，是否有效？

□ 潘建华

【案情简介】

2015年10月27日，曾某与甘肃甲公司签订《股权转让协议》，协议约定：乙公司于2009年10月19日成立，注册资本5000万元，曾某持乙公司100%股份。现曾某自愿将其持有的乙公司70%股权以3500万元的价格转让给甲公司，甲公司自愿受让。并约定协议生效后，甲公司委托有资质的中介机构对乙公司进行实地财务尽调，如与曾某事前介绍的情况相差在合理范围内则转让协议继续履行。否则，甲公司有权单方终止本协议。2015年10月31日，深圳某会计师事务所出具《财务尽职调查报告》载明，乙公司注册资本5000万元，实收资本1601万元。

甲公司知悉《财务尽职调查报告》后，未对乙公司注册资本提出异议，亦未提出终止合同。乙公司向工商管理部门申请变更登记，将公司70%股权变更在甲公司名下。甲公司向曾某支付1200万元股权转让款，尚有2300万元股权转让款未支付。曾某多次进行催促，但甲公司以曾某出资不到位为由，止付后续股权转让款。

曾某认为：其已经向甲公司如实告知公司的注册资本情况，且在《财务尽职调查报告》作出后，甲公司仍然同意继续履行合同，且在履行期间均未对注册资本提出异议。故提出诉讼要求甲公司按约定支付剩余股权转让款2300万元，并支付逾期付款违约金。

甲公司辩称：曾某出资不实，转让股权存在重大瑕疵。《财务尽职调查报告》作出后，甲公司之所以愿意继续履行合同，是因为曾某仍有部分出资。甲公司作为受让人，为继续运营公司才配合对方变更股权。但对于后续股权转让款，甲公司主张行使合同履行抗辩权，拒绝支付。

双方就甲公司应否继续向曾某支付剩余股权转让款，甲公司应否承担逾期付款违约金产生争议。

【判决结果】

甲公司向曾某支付剩余股权转让款2300万元,并支付逾期付款违约金。

【律师解读】

一、关于甲公司继续向曾某支付剩余股权转让款的问题

法院经审理认为,根据曾某与甲公司签订的《股权转让协议》之约定,在《财务尽职调查报告》作出后,甲公司若认定目标存在公司资产不实、股东瑕疵出资等情况可通过终止合同来保护自己权利。但甲公司知悉目标公司财务状况后依然选择继续支付股权转让款,继续配合办理股权转让变更登记,视为对合同权利的处分,合同应继续履行。

现行《公司法》确立了认缴资本制,股东是否足额履行出资义务不是股东资格取得的前提条件,股权的取得具有相对独立性。股东出资不实或者抽逃资金等瑕疵出资情形不影响股权的设立和享有。

本案中,曾某已依约将所持目标公司70%的股权变更登记在甲公司名下,履行了股权转让的合同义务。甲公司通过股权受让也已取得目标公司股东资格,曾某的瑕疵出资并未影响其股东权利的行使。

此外,股权转让关系与瑕疵出资股东补缴出资义务分属不同法律关系。本案中,甲公司以股权转让之外的法律关系为由而拒付股权转让价款没有法律依据。对于甲公司因受让瑕疵出资股权而可能承担的相应责任,其可另寻法律途径解决。

二、关于甲公司应否承担逾期付款违约金的问题

甲公司未按《股权转让协议》约定的时间向曾某支付股权转让款,已构成违约。但对于违约金的数额及具体计算方式,转让协议并未作出约定,曾某主张按照银行同期贷款利率计算上述违约金,鉴于甲公司逾期支付剩余股权转让款实际上造成曾某股权转让金被占用期间的利息损失,故法院对曾某的主张予以支持。

三、瑕疵出资股权能否转让？转让合同是否有效？出资瑕疵是否影响股权转让协议的效力？

股权的本质是股东和公司之间的法律关系，既包括股东对公司享有的权利，也包括股东对公司的出资义务。因此，股权的转让导致股东权利义务的概括转移。受让人所受让的并不是股东的出资，而是股东的资格权利，受让人受让他人的股权而成为公司的股东。

虽然公司法规定应当足额按时交纳出资，禁止虚假出资和抽逃出资，但由于公司具有外观性和公示性等商事特征，股东出资不实等情形并不影响股权的设立和享有，瑕疵股权仍具有可转让性。

另外，合同法的基本精神是维护交易安全，只要没有《合同法》中关于合同无效的情形，股权转让合同原则上有效；另外，《最高人民法院关于适用<中华人民共和国公司法>的若干问题的规定（三）》第十八条明文规定了未全面履行出资义务情况下股权转让后的出资责任，亦从法律方面肯定了瑕疵股权转让合同的效力。

我国《公司法》及相关司法解释规定了瑕疵出资股东应对公司承担差额补充责任、对其他出资无瑕疵股东承担违约责任以及在瑕疵出资范围内对公司债权人承担补充赔偿责任，这些规定主要以瑕疵出资股东仍具备股东资格为前提的。

四、受让方能否以股权出资瑕疵为由拒绝支付股权转让款？

股东出资是合同义务更是法定义务。股东的瑕疵出资行为本身确实违反了我国《公司法》关于股东应当足额缴纳其所认缴的出资额等规定，故应承担相应的法律责任。

但股东的出资义务与其获得的股权属于不同的法律关系，民事主体获得股权的前提是其取得相应的股东资格，而取得股东资格主要依据于公司章程、股东名册和公司登记的确认，并不以实际履行出资义务为必要条件。

另外，股权转让协议的双方主体是转让人与受让人，而瑕疵出资的法律后果是原股东对公司负担的出资补足义务，二者并非同一法律关系。故，受让人不能以股权出资瑕疵为由拒绝支付股权转让款。

84. 认定股东抽逃出资，如何追加股东承担责任？

□ 白小雨

【案情简介】

某海公司于 2018 年 3 月 2 日以建设工程施工合同为由，将某清公司诉至一审法院，经一审法院主持调解，双方自愿达成调解协议，约定由某清公司于 2019 年 2 月 4 日向某海公司支付工程款 240 万元。履行期限届满后，某海公司申请强制执行，在执行过程中，某海公司申请追加王某、李某作为该执行案件的被执行人，某海公司主张王某、李某二人系某清公司股东，在实缴注册资本的次日即抽逃出资。在 2014 年 3 月 13 日，某清公司召开股东会决定将原注册资本 1000 万元增加至 5000 万元，王某、李某各自以货币增资 2000 万元，共计 4000 万元，以上款项于 2014 年 3 月 11 日转入某清公司验资账户中，二人合计 4000 万元的资金均是从某宇公司转入。次日，某清公司自验资账户中转出给某宇公司 4000 万元，备注为还款。王某、李某抗辩某清公司向某宇公司转账 4000 万元是基于双方建设工程合同的履行，二人未抽逃出资。

【判决结果】

裁定追加二被申请人王某、李某为被执行人分别在抽逃出资 2000 万元范围内对案件承担责任。

【律师解读】

实践中，很多案件债务人作为公司无财产可供清偿，债权人想尽各种方法追加股东承担责任。最常见的方式即认定股东抽逃出资和认定股东未全面履行出资义务。如通过认定股东未全面履行出资义务的方式，虽然《最高人民法院关于民事执行中变更、追加当事人若干问题的规定》中第十七条规定可在执行阶段直接追加股东承担责任，但根据《九民纪要》以及公司注册资本的认缴制，股东认缴出资的期限利益受法律保护，通常实践中需要另诉的方式来追加股东承担责任。但如果股东抽逃出资，债权人可直接申请在执行阶段进行追加，债权人仅需对股东抽逃出资进行初步举证。如股东在实缴出资后很短的时间内将出资转移等，如法官根据债权人初步举证认为股东存在抽逃出资的可能，则股东负有合理解释转出资金目的的义务，如股东对转出资金的目的解释不清、前后矛盾，则股东需承担不利后果及被追加为被执行人。

结合本案，二股东王某、李某转入增资的注册资金即是通过第三人，又在转入某清公司验资账户次日即转出给同一第三人，且备注为"还款"，与二股东王某、李某陈述为工程合同履行的说法明显不符，法院认定二股东存在抽逃出资的事实并无不当。

站在股东的角度，注册资本要么按照认缴制在一定期限内分期缴纳，要么实缴后不要抽逃出资，公司大额对外借款或交易务必建立合同，最好在章程中明确大额借款或交易需通过股东会决议，以此规避某一股东抽逃出资牵连未抽逃出资但不明公司经营的股东承担责任；站在债权人的角度，当公司作为债务人无法还清债务时，可以搜集一些公司设立一年内的银行流水，尤其是 2014 年 3 月 1 日前设立的公司，在该日期前实行注册资本实缴制，股东存在抽逃出资的可能性较认缴制更大。

85. 滥用公司独立人格，股东承担什么责任？

□ 郭灿炎

【案情简介】

2014年2月14日，某贝公司设立，注册资本为100万元。设立时的股东为谭某某、邱某，其中谭某某出资80万元、邱某出资20万元，出资方式均为货币出资。同日，某贝公司开立在XX银行尾号为2589的临时账户分别收到案外人戴某某账户转入的款项20万元、80万元。同日，宁波XXXX会计师事务所有限公司出具《验资报告》载明已收到邱某、谭某某缴纳的出资合计100万元。2014年2月17日，某贝公司将前述临时账户中的999500元转入其尾号为0461的网银代发工资账户，后又由该账户转入邱某尾号为4038的个人账户。

某贝公司两个账户流水显示，自账户设立至2017年11月股权转让前，每次有资金流入某贝公司，谭某某会取整转至其个人账户，仅留一点零头；在某贝公司需要对外支付款项时，谭某某会从个人账户转入某贝公司相应金额的整数，再由某贝公司转出。

2017年11月12日，邱某、谭某某分别将其持有的某贝公司20%、80%的股权以20万元、80万元的价格转让给谭某云，并于2017年11月16日完成变更登记，某贝公司企业类型变更为自然人独资的有限责任公司，法定代表人由邱某变更为谭某云。

因某贝公司欠付某威公司债务，且该债务发生于邱某、谭某某作为某贝公司股东期间，谭某某、邱某与某贝公司的财务混同，滥用公司独立人格，导致某贝公司资金链断裂，无法维持正常经营，损害了某贝公司利益，亦严重侵害了包括某威公司及其他债权人的利益，某威公司起诉请求法院判决谭某某、邱某对某贝公司的债务承担连带清偿责任。

【判决结果】

一审判决被告邱某、谭某某应对某贝公司的债务在扣除999,500元后承担连带清偿责任。邱某、谭某某上诉。二审驳回邱某、谭某某诉讼请求,维持原判。

【律师解读】

《公司法》规定,公司法人具有独立的法律人格,并以自己财产对外承担责任,公司与股东是分别独立的主体,使得股东对于公司只需承担出资范围内的有限责任。实践中却出现了利用这一制度漏洞的情形,即公司的股东滥用公司法人的独立地位和股东的有限责任,恶意逃避债务,严重侵犯了其他出资人和债权人合法权益。

"刺破公司面纱"或称"公司法人人格否认",是指在某一具体法律关系中的特定情形下,为了防止公司独立人格的滥用,保护债权人的利益和社会公共利益,而暂时否认公司的独立人格,突破股东有限责任的限制。《中华人民共和国公司法》中首次承认了这一制度,即第二十条第三款所述之"公司股东滥用公司法人独立地位和股东有限责任,逃避债务,严重损害公司债权人利益的,应当对公司债务承担连带责任"和第六十三条所述之"一人有限责任公司的股东不能证明公司财产独立于股东自己财产的,应当对公司债务承担连带责任"。

"刺破公司面纱"分人格混同和关联公司人格否认的横向刺破、母子公司人格否认的纵向刺破以及一人公司人格否认的特殊情形。公司人格否认并不是对公司独立人格全面的永久的剥夺,其效力范围仅局限于特定法律关系和特定事件中,通常公司的独立人格在某方面被否认,并不影响到承认公司在其他方面仍是一个独立自主的法人实体。公司人格否认制度具有以下几个特征:

第一,公司已合法取得法人资格。只有依法设立的公司法人才能成为法人人格否认制度的作用对象,也是法人人格否认制度与法人瑕疵设立的责任制度相区别的基本依据。只有已合法取得法人资格的公司，才享有独立的人格，才有滥用的可能，才有适用公司人格否认的必要。

第二，公司的股东滥用了公司人格。股东滥用了公司制度中的一些特权，如利用公司制度规避法律或债务、损害公司的独立性等，致使法律承认公司法人制度的实效性受到损害。法律赋予了公司独立的人格，股东享有有限责任的优惠，但股东在享有权利的同时，必须维护公司的独立人格，保证其行为的合法性。如果股东无视公司的行为规范，危害公司及债权人利益，则可能导致公司人格否认的适用。

第三，公司人格的滥用侵害了债权人的合法权益或者社会公共利益。法律承认公司的独立性，同时，也对股东与公司的关系作了一系列限制，以维护交易安全、债权人利益和社会公共利益。倘若股东滥用了债权人的合法权益或社会公共利益，客观上已实施有悖债权人利益或社会公共利益的行为，背离了公司制度的社会性和公共性，则必然有悖于设计公司制度的初衷，此时亦没有必要承认其人格。

第四，公司人格否认是一种对公司人格的个案和暂时否定。在这种情况下，对法人人格的否定不是对公司人格彻底的、终极性的否定，不是对公司人格全面的、永久的剥夺，而是在特定的法律关系中对公司人格暂时的否定。公司的独立人格在某些方面被否认，并不影响承认公司在其他方面还是独立的法人，这种法律关系如果没有法律规定取消公司人格的情形出现，公司人格将继续存在。

结合本案，邱某、谭某某存在抽逃出资行为。在某贝公司2014年2月14日成立之后，仅隔三天时间，邱某、谭某某即抽逃注册资本999500元，之后某贝公司一直都没有独立的财产，沦为空壳，导致某贝公司并无资本从事经营，明显存在恶意利用公司独立人格和股东有限责任将投资风险转嫁给债权人的情况，严重损害了债权人利益。

谭某某、邱某个人财务同某贝公司财务存在高度混同。每次某贝公司有资金流入，谭某某会即刻转至自己名下，在某贝公司需要支付款项的时候，谭某某再从自己账户转至某贝公司账户，再由某贝公司转给客户，某贝公司多次向其股东谭某某转账。谭某某、邱某长期占用某贝公司财产，侵占某贝公司盈利收益，双方利益不清，导致某贝公司缺乏独立的财产和人格，出现公司人格形骸化，公司已经沦为股东的一种躯壳。因此，在此情况下，法院支持债权人要求追究股东连带清偿责任的请求于法有据，于情合理。

总之，公司法人人格否认是在特殊情形下针对某些法律关系构成短暂的剥夺，不是针对所有法律关系或永久的剥夺。如公司在被人格否认后，期间其作出的其他民事法律行为，如债权债务关系的达成、与其他实体达成的民事合作等应当具有法律效力。《公司法》承认"公司法人人格否认"制度是为了有效遏制和打击股东掏空法人财产、设置空壳法人骗款逃债等当前经济秩序中的一些不良现象，进一步规范营利法人的经营和治理，理顺法人与出资人的关系，在制度上实现营利法人鼓励投资、活跃市场的优势，而避免其沦为出资人恶意逃债工具的劣势，实现两种利益的良性平衡，对服务实体经济健康发展将产生积极影响。

86. 股东能否以公司严重亏损为由，提起公司解散之诉？

□ 文香香

【案情简介】

中科公司是一家成立于2012年的有限责任公司，注册资本为3200万，法定代表人为韩某，股东包括韩某（持股比例35%）、邹某（持股比例25%）、赵某（持股比例20%）、郝某（持股比例12%）、郝某涛（持股比例8%）。

2019年8月1日，邹某、赵某认为公司已连续两年未有效召开股东会，公司经营管理存在严重障碍，存在僵局，便致函中科公司及全体股东，提议召开临时股东会，会议主题为股权转让或解散公司。8月19日，中科公司召开股东会。会上，韩某认为股东邹某、赵某将其投资的企业名称变更为与中科公司相近的名称,进行利益输送,损害公司利益,要求二人"裸退"。最终双方未就股权转让或公司解散事宜达成合意,也未形成书面股东会决议。

邹某、赵某向一审法院起诉,认为中科公司经营管理发生严重困难,继续存续会使其股东利益受到重大损失,且通过其他途径不能解决,请求法院判令解散中科公司。

经一审法院审理认为,中科公司曾于2019年8月19日召开股东会,鉴于在各方协商一致的基础上,仍然存在着召开股东会解决公司内部问题的机会,邹某、赵某与中科公司间仍然具有召开股东会并形成有效决议的可能性,无法证明公司经营管理发生严重困难;而中科公司提交的中标通知书、劳动合同、完税证明等证据也证明该公司目前经营状况良好。

【判决结果】

一审法院判决驳回原告邹某、赵某的诉讼请求。邹某、赵某不服一审判决,提起上诉。

二审法院判决驳回上诉,维持原判。

【律师解读】

一、公司严重亏损能否认定为公司经营管理发生严重困难?

根据《公司法》第一百八十二条、《最高人民法院关于适用＜中华人民共和国公司法＞若干问题的规定(二)》第一条,股东起诉要求解散公司,应证明公司经营管理确实发生严重困难,公司继续存续会使股东利益受到重大损失,且通过其他途径不能解决。判断公司的经营管理是否出现严重困难,应当从公司组织机构的运行状态进行综合分析,其侧重点在于判断公司管理方面是否存在严重的内部障碍,如股东会机制失灵、无法就公司的经营管理进行决策等,不应片面理解为公司资金缺乏、严重亏损等经营性困难。

本案中,中科公司在各方协商一致的基础上,仍然存在着召开股东会解决公司内部问题的机会，原告邹某、赵某与中科公司间仍然具有召开股东会并形成有效决议的可能性，无法证明公司经营管理发生严重困难。因此，如果股东以公司亏损、财产不足以偿还全部债务、知情权、利润分配请求权等权益受到损害、公司被吊销企业法人营业执照未进行清算等为由，提起解散公司诉讼的，人民法院不予受理。

二、如何认定公司经营管理发生严重困难？

公司经营管理严重困难包括两种情况：一是公司权力运行发生严重困难，股东会、董事会等权力机构和管理机构无法正常运行，无法对公司的任何事项作出任何决议，即公司僵局情形；二是公司的业务经营发生严重困难，公司经营不善、严重亏损。如公司仅业务经营发生严重困难，不存在权力运行严重困难的，根据《公司法司法解释（二）》第一条第二款的规定，不符合《公司法》第一百八十三条的解散公司条件。

根据《公司法》关于司法解散制度的规定，司法介入公司解散的情形主要限于公司僵局，即公司无法通过有效的公司治理机制实现经营管理，在公司治理结构层面存在公司运营机制困境，而非仅指股东之间的个体矛盾和冲突。一般而言，公司运行主要依靠股东会、董事会等权利或意思机构与执行机构的有效运转，而股东会和董事会则是通过会议的形式来运转，从组织结构上来看，均属于集体决策机构。

当公司尚未处于亏损状态时，由于公司内部机制已无法正常运行、无法对公司经营做出有效决策，公司仍会被认定经营管理已出现严重困难，持有公司全部股东表决权百分之十以上的股东，可以请求人民法院解散公司。主要有三种情形：1.当公司股东之间意见存在分歧，互不配合，无法在股东会上形成有效的决议时，即股东会机制已出问题，影响公司正常运营；2.公司连续多年未召开股东会，无法形成有效股东会决议，即无法通过股东会决议的方式管理公司，股东会机制失灵；3.作为执行董事或监事的股东之间存在矛盾，他们已无法正常行使权利，即无法发挥该职位的作用，无法对公司进行正常管理。

87. 公司增资中认股人取得股东资格，应如何认定？

□ 帅　南

【案情简介】

2012年9月20日，某矿业公司作为甲方，与乙方某矿业公司股东、丙方某投资企业签订《增资认购协议》，约定：丙方将向甲方投资1000万元以增资扩股方式投资入股甲方增加公司注册资本金。此后，丙方将阶段性（即投资合作期间）获占甲方6%的股权比例，三方投资合作期限为3年。三方合作期限结束后，由甲方及乙方按预期年均复合平均收益率182.56%无条件回购丙方的股权及其权益。2012年9月27日，某投资企业向某矿业公司账户汇款1000万元，李某一（该矿业公司法定代表人）及某矿业公司次日出具收条确认收到。三年投资合作期限届满，某矿业公司在收到增资价款后未依约办理工商变更登记，某投资企业向法院起诉请求：某矿业公司返还投资本金1000万元并赔偿损失。

【判决结果】

某矿业公司返还投资本金1000万元并赔偿损失。

【律师解读】

某矿业公司与某投资企业系《一期增资认购协议》之主体，双方均应按照约定全面、诚信履行各自义务，否则应向对方承担违约责任。某投资企业于本案中以增资认购方式完成对目标公司即某矿业公司的投资，双方形成股权投资法律关系，投资主体的目的在于通过认购目标公司的新增资本，从而成为目标公司股东并享有股东权益。现三年投资合作期限已届满，某矿业公司在收到增资价款后未依约办理工商变更登记，亦未举证证明其将后续公司增资、股权变更事宜告知某投资企业并征得其同意，可以认定某投资企业合同目的已属落空，其要求某矿业公司返还投资款项并承担违约责任具有事实及法律依据，应予支持。

本案中的焦点问题就是公司增资中认股人何时取得股东资格？有限责任公司股东资格的确认涉及实际出资额、增资扩股协议、公司章程、股东名册、出资证明、工商登记等，确认股东资格应当综合考虑各种因素。公司增资作为公司重大事项，属于要式法律行为，不仅需要股东与认股人之间、公司与认股人的合意，还需要符合法律以及公司章程规定的股东会协议、工商登记变更等形式和手续。因此，何时取得股东资格主要从意思表示和外部登记两个要件分析：

（1）意思表示：有效的股东会决议、增资协议。

（2）形式要件：认股人的出资构成公司的注册资本金，并变更工商登记。

该案中，甲乙丙三方均存在增资的意思表示，投资人依约履行了增资义务，公司却未办理工商变更登记、出具出资证明书等，属于根本违约，现投资主体的合同目的落空，目标公司应当依约返还投资款项并承担违约责任。首先公司增资，实质是认股人向公司进行投资，以增加公司的注册资本金，而股权的客体是体现在公司注册资本金中的出资份额。所以，作为出资人若要成为股东，必须要将自己所实缴或认缴的出资转化为公司的注册资本金，否则，该出资所对应的股权客体尚未创设，相应的股权也就无法存在。并且股东会决议以及增资协议本身并无法导致注册资本金的增加，只有公司按照增资协议办理了增资的工商变更登记手续，注册资本金增加才得以完成，认股人的出资才相应的转化为公司资本。本案中三年的投资期限届满，某矿业公司在收到增资价款后未依约办理工商变更登记，此时该投资企业有权要求矿业公司履行增资协议，办理相应的变更手续，从而使自己成为公司的股东，若公司拒不办理，投资公司可以矿业公司未履行义务，构成根本违约为由，请求解除增资协议，从而收回出资并向公司要求支付相应的利息。

风险提示：认股人向公司投资增资款，必须让公司依法定条件和程序办理注册资本、股东的工商变更登记，以维护自身权益，若公司拒不变更手续，可依据公司经营状况选择有利于认股人的诉讼策略。若公司经营状况良好且无其他债务，可向法院提起股权资格确认之诉后，再行使股东权利从而取得相应利益，但该情况下公司经营状况、财产状况等涉及股东利益的信息基本公司不会配合获取。因此，公司于向法院请求解除增资协议，收回出资及相应利息是诉讼成本较低的方法。此时需要注意的是要有增资扩股的股东会协议，也就是投资的意思表示，不然对于是投资款还是借款也会出现法律风险。

88. 隐名股东的股东资格如何确认？

□ 刘 涛

【案情简介】

2020年3月，原告王某以被告程某名义出资人民币100万元，与他人共同投资成立北京某有限公司，公司注册资本为2,000万元。公司成立后，被告程某多次将其所持有的公司股权转让给他人。原告王某诉至法院，要求确认原告持有北京某有限公司股权；同时要求被告北京某有限公司办理上述股权的变更登记手续。

经法院调查，查明以下事实：（1）2020年5月6日，程某出具证明一份，载明：王某先生在北京某有限公司投资100万元人民币原始股份，此股份在程某名下。（2）在2020年7月20日，程某向原告王某出具一份收条，载明：收到王某对北京某有限公司投资款100万元人民币。（3）2020年9月13日至今，程某多次将所持有的股权转让给他人，现注册资本中其名下认缴的出资额为1,483,800元，占公司注册资本额的7.419%。（4）2021年3月7日和27日，除程某外的其余登记股东和北京某有限公司分别出具证明100万元是原告王某以程某名义出资，并确认原告王某是公司的实际股东，在公司成立之后按出资比例享有5%的股东权益。

【判决结果】

被告程某名下北京某有限公司5%的股权为原告王某所有。

【律师解读】

《＜公司法＞解释（三）》第24条规定："有限责任公司的实际出资人与名义出资人订立合同，约定由实际出资人出资并享有投资权益，以名义出资人为名义股东，实际出资人与名义股东对该合同效力发生争议的，如无《民法典》第153条规定的情形，法院应当认定该合同有效。前款规定的实际出资人与名义股东因投资权益的归属发生争议，实际出资人以其实际履行了出资义务为由向名义股东主张权利的，法院应予支持。名义股东以公司股东名册记载、公司登记机关登记为由否认实际出资人权利的，法院不予支持。实际出资人未经公司其他股东半数以上同意，请求公司变更股东、签发出资证明书、记载于股东名册、记载于公司章程并办理公司登记机关登记的，法院不予支持。"

根据以上法律条款规定，本案中，根据程某与王某之间的权利义务关系判定，依据2020年5月6日程某出具的证明与2020年7月20日程某向原告王某出具的收条来判断，表明程某与王某之间存在"代持关系"而不是借贷关系。而在北京某公司与王某之间的股东身份的确认上，由于除程某外的其余登记股东和北京某有限公司分别出具了证明，证明100万元是原告王某以程某名义出资。因此，该身份也得到有效的认可。

综上，隐名股东与名义股东权利义务之确定，应按照"内外有别"的原则将其分为内部和外部。隐名股东与名义股东之间的权利义务关系为内部关系，需根据隐名投资协议的约定作为判定双方权利义务的基本依据；而隐名股东与公司、隐名股东与第三人之间属于外部关系。此时，隐名出资关系中的实际出资人并不当然地具备股东身份，其能否成为股东，关键在于能否取得半数以上的其他股东同意，缺乏该条件则无法获得股东资格。

第四部分 劳动合同法篇

89. 如何看待996工作制涉及的劳动纠纷？

□ 康文平

【案情简介】

1月7日，一则"应届生称因拒绝996被某快递公司辞退"的消息登上热搜。当事人小江是2020应届毕业生，于2020年7月2日入职某快递公司。小江称：由于自己拒绝无意义的加班，于2020年9月9日被告知因试用期不合格被辞退。小江还透露，部门要求9点以后下班，还表示不要在这个年龄谈恋爱。

据澎湃新闻1月7日报道，某快递公司回应称：公司上班时间为早9晚6，周末临时加班工作日可调休，不存在强制996。小江被辞退的真实原因是试用期工作结果不达标，在正式辞退前小江主管和HR曾和他一起设定试用期目标，并给予他半个月时间，在发现他无改进后，2020年9月28日才和小江解除劳动合同。被辞退后小江向上海市某区劳动人事争议仲裁委员会提交申请，要求某快递公司支付违法解除劳动合同赔偿金。

【判决结果】

裁决某快递公司依法支付赔偿金。

【律师解读】

996工作制是指早上9点上班、晚上9点下班，中午和傍晚休息1小时（或不到），总计工作10小时以上，并且一周工作6天的工作制度，是一种违反《中华人民共和国劳动法》的工作制度。

不知从什么时候开始，996工作制已经成为了一种公司文化，盛行在各大企业中。

一提起996工作制，越来越多的人想到的不是加班、被压榨、《劳动法》，而是家庭、生活的压力与无奈。也正是如此，越来越多的人决定，屈从于996工作制的规则，毕竟如果拒绝了，很可能就丢了工作。

久而久之，用人单位也就有了底气"你不加班，就等着被辞退"，无视劳动人员的基本权益，也无视《劳动法》。纵使有关部门可以依据劳动法来处罚用人单位，但没人主动去举报提供线索的话，依然很难介入。

笔者大胆的猜测，某快递公司之所以理直气壮的提起上诉，是依据《劳动合同法》第39条规定：劳动者有下列情形之一的，用人单位可以解除劳动合同：（一）在试用期间被证明不符合录用条件的；但这个录用条件不是用人单位说什么就是什么，结合司法解释与实际判例来看，通常要满足3个要求：1. 用人单位必须与劳动者约定了录用条件，比如，工作时间、工资、工作内容等；2. 要有充足的证据来证明劳动者不符合上述条件；3. 约定了合法的试用期限。

而用人单位往往不将996工作制告知给劳动者，自然也就无法满足上述"约定了录用条件"这一说法，也就无法得到仲裁委的支持。

因此，在法律层面，小江有绝对的主动权。

90. 员工自愿签署不缴纳社保的承诺，反悔是否受法律支持？

□ 陈耀云

【案情简介】

张某系某公司员工，公司未给张某缴纳社会保险。2013年2月9日，张某出具承诺书一份，上面载明"由于本人自身原因，不愿缴纳社会保险。本人承诺因此产生的经济损失与法律责任后果自负，并且不因此与公司发生任何劳动纠纷。"2013年8月28日，张某以公司"长期未及时足额支付本人工资且未及时缴纳社会保险"为由，书面提出与公司解除劳动关系。随后，张某向劳动人事争议仲裁委员会申请仲裁，以公司未为其缴纳社保为由，要求支付被迫解除劳动合同的经济补偿金，仲裁委裁决不予支持张某的仲裁请求。张某不服，诉至法院。

【判决结果】

一审判决驳回张某的诉求请求，张某上诉。
二审判决驳回上诉，维持原判。张某不服，向高院申请再审。
高院裁定驳回再审。

【律师解读】

经一审法院审理认为，用人单位未依法为劳动者缴纳社会保险费的，劳动者可以解除劳动合同，但因劳动者自身不愿缴纳等不可归责于用人单位的原因导致社会保险未缴纳，劳动者请求解除劳动合同并支付经济补偿金的，不予支持。本案中，张某承诺因个人自身原因不愿缴纳社会保险，已对自身权利进行了处分，现又以公司未为其缴纳社保为由主张经济补偿金，无事实和法律依据，不予采纳。据此，一审法院依照《中华人民共和国劳动合同法》第三十八条第一款、第四十六条、《最高人民法院关于民事诉讼证据的若干规定》第二条之规定，一审判决员工自己不愿缴社保，不能以公司未缴纳社保为由主张经济补偿金。故，驳回张某诉讼请求。

经二审法院审理认为，本案二审的争议焦点主要是公司是否应支付张某经济补偿金。理由为张某出具承诺书，载明放弃缴纳社会保险。作为完全民事行为能力人，张某应该意识到签署承诺书的后果。其未提供证据证明签署承诺书存在欺诈、胁迫、乘人之危等情形，该承诺书真实有效。张某已对自身权利进行了处分，现在又以公司未为其缴纳社会保险为由主张经济补偿金，于法无据。因此，二审法院驳回上诉维持原判。

高院裁定，承诺放弃社保后又以公司未缴纳社会保险为由主张经济补偿金,违反诚实信用原则,张某本人承诺因此产生的经济损失与法律责任后果自负。张某未提供证据证明签署承诺书存在欺诈、胁迫、乘人之危等情形,故该承诺书表明其真实意愿。因此,原审法院未支持其诉讼请求,并无不当。

依法缴纳社保是《劳动法》规定用人单位的法定义务,即使员工要求用人单位不为其缴纳社保,签署放弃社保的声明或承诺等书面文件,但该类声明及承诺也因违反法律的强制性规定,属无效约定。员工按照《劳动合同法》第三十八条第一款第三项主张经济补偿金的,仍应予支持。但笔者认为,员工在自愿且明知行为后果的前提下,签署放弃社保声明后,又以用人单位没有为其依法缴纳社保为由,主张用人单位承担经济补偿金责任的做法不合理且不合法,实则是对民法诚实信用原则的践踏。在处理相关问题时,律师应当考虑如果员工能够提供完整的证据链,举证证明其签署相关声明及承诺时是违背真实意愿的,那么签署放弃社保的声明及承诺,可认定是违反法律的强制性规定,效力当属无效。则员工可主张用人单位承担支付经济补偿金的责任。

员工不能举证证明其签署的相关声明及承诺是违背真实意思表示时,则应递进思考,即员工是否通过书面或可使用人单位知晓的方式,要求用人单位履行为其缴纳社保的法定义务。毕竟法谚有云:法律不保护躺在权利上睡觉的人。更何况缴纳社保的利弊已然成为自然人的社会基本认知范畴。笔者认为在员工向用人单位提出了明确的要求,用人单位在合理期限内仍拒不履行补缴社保法定义务的前提下,员工才可要求用人单位承担支付经济补偿金的责任。

虽然《劳动合同法》第三十八条第一款第三项是主张经济补偿金的法定请求权的基础,但裁判者亦应在个案中首先认定并明确事实基础,切忌机械适用法条,枉顾事实作出不利于立法目的的裁判。

笔者认为判断用人单位是否应承担经济补偿金责任,如果仅着眼于用人单位存在未为员工缴纳社保的行为,即要求用人单位承担相应法律后果,属于显失公平。用人单位为员工缴纳社保的立法目的之一,在于保障因工作遭受事故伤害或者患职业病的职工获得医疗救治和经济补偿,而非对于用人单位进行惩罚。给予用人单位纠错机会，允许用人单位在合理期限内为员工补缴社保更利于立法目的的实现。

笔者认为裁判者在判断员工是否自愿签署放弃社保声明时，如果仅因用人单位未给员工额外支付社保费用或工资外费用作为事实前提，机械推定员工是在非真实意思表示的情形下与用人单位签署放弃社保的声明或承诺，更会贻害无穷。此等认定更会助长用人单位与员工以利益交换为杠杆，逃避劳动法律关系中用人单位的法定义务，更加不利于立法目的实现及社会的长效利益。

91. 员工离职后，能否与原单位客户进行业务往来？

□ 张　鹏

【案情简介】

李某于 2018 年 5 月入职某代记账公司 A 公司（以下称"原告"），担任财税顾问一职。入职当天李某与原告签订《劳动合同书》，同时签署了《员工保密协议书》。保密协议书约定"未经过甲方（原告）允许所有客户资料不得提供给第三方人员和单位；不得将甲方重要客户个人信息、资料等带出办公场所或提供给竞争者或有竞争可能的单位和个人"。

2019 年 8 月，李某作为发起人设立了被告 B 代记账公司，并于 2020 年 6 月从原告处离职。

李某在职期间，案外人 C 公司、D 公司等 6 个公司均为原告代理记账客户。上述客户与原告的交易信息包括签单日期、客户名称、联系方式、服务内容、合同金额等均载明《私人总表》，原告会计每月将该《私人总表》发送给李某。被告李某离职前，与上述客户达成一致，该批客户不再与原告续签代理记账服务合同，转由被告 B 公司为上述客户提供代理记账服务。后原告以李某、B公司（以下称"被告"）侵犯其商业秘密为由，将被告诉至法院，要求其停止侵害并赔偿经济损失。

【判决结果】

被告停止侵犯原告商业秘密，并赔偿原告经济损失45000元。

【律师解读】

本案的主要争议焦点有两个，分别为《私人总表》是否属于商业秘密，以及被告的行为能否认定为侵犯原告商业秘密的侵权行为。

一、《私人总表》是否属于原告的商业秘密

判断本案被告是否构成侵害员工商业秘密的行为，首先应审查原告主张的《私人总表》是否属于《反不正当竞争》中的商业秘密。根据《最高人民法院关于审理侵犯商业秘密民事案件适用法律若干问题的规定》第1条第3款的规定，客户的名称、地址、联系方式以及交易习惯、意向、内容等信息，属于《反不正当竞争法》中的商业秘密。本案中《私人总表》记载了签单日期、客户名称、联系方式、服务内容、合同金额等信息，虽被告在庭审中提交客户工商登记信息以证明客户名称、联系方式等属于公知的信息，但《私人总表》中记载的服务内容、合同金额、签单日期等仅有交易双方才能获取的深度信息，显然无法通过公众渠道获得，应具有秘密性，故《私人总表》应属于原告的商业秘密。

二、被告能否被认定为侵犯了原告的商业秘密

根据《最高人民法院关于审理侵犯商业秘密民事案件适用法律若干问题的规定》第2条第2款规定："客户基于对员工个人的信赖而与该员工所在单位进行交易，该员工离职后，能够证明客户自愿选择与该员工或该员工所在的新单位进行交易的，人民法院应当认定该员工没有采取不正当手段获取权利人的商业秘密。"可见，如员工以该条规定抗辩其未侵犯原单位商业秘密，应同时符合三个条件：1. 客户系基于对员工的个人信赖与员工的原单位进行交易；2. 与原单位客户交易的时间应为员工离职后；3.

客户是出于自愿而选择与员工所在新单位进行交易。本案中,李某在原告任职期间既将代理记账业务转移至 B 公司,因此,未能满足上述规定的适用条件。且李某在职期间收取 A 公司报酬,本应当为其牟利,但却将业务转移至己方关联公司,造成了原告损失,违反了保密协议,侵犯了原告的商业秘密。故,法院据此判决被告停止侵害并赔偿损失无误。

92. 签订工伤私了协议后,能否主张赔偿?

□ 潘建华

【案情简介】

2018 年 8 月,李某在某建筑公司承建的花园小区,从事钢筋绑扎工作。8 月 21 日上午,李某在扎钢筋的过程中右拇指受伤,被送往医院治疗。2018 年 11 月,某区民生工程事务管理局作出工伤认定决定书,认定李某构成工伤。

2018 年 12 月,李某与某建筑公司达成私了协议,约定由建筑公司向李某支付医药费、营养费、误工费共计 3 万余元,并约定协议签订后双方再无任何纠纷,李某不得要求后续任何赔偿。

2019 年 1 月,市劳动能力鉴定委员会作出鉴定结论书,李某被评定为伤残九级。2019 年 4 月,医院出具伤情报告,预计李某后续取出内固定费用约两万元。另查明,建筑公司未给李某购买工伤保险。

李某出院后多次要求建筑公司给付医疗费、一次性伤残补助金、一次性工伤医疗补助金、一次性伤残就业补助金、停工留薪期、护理费、住院伙食补助费、交通费、后续治疗费等,均未果,李某向法院提起诉讼。

【判决结果】

判决对李某要求建筑公司支付保险待遇的要求予以支持。

【律师解读】

本案经法院审理认为，李某与建筑公司之间签订了赔偿的调解协议，但该协议签订时，伤残等级鉴定结果尚未作出，且协议中约定的赔偿金额明显低于法律规定的赔偿标准，协议内容显失公平，应予撤销，建筑公司应按照工伤保险待遇补足与李某协议中低于工伤保险待遇的差额部分。通过本案带来以下思考和建议：

一、工伤发生后，签订私了协议是合法的纠纷解决途径

根据我国《劳动法》第七十七条第一款规定："用人单位与劳动者发生劳动争议，当事人可以依法申请调解、仲裁、提起诉讼，也可以协商解决。"

因此，发生工伤纠纷后签订私了协议是合法的纠纷解决途径。

二、私了协议的效力应视情况而定

如果协议是劳动者已认定工伤和评定伤残等级的前提下签订，且不存在欺诈、胁迫或者乘人之危情形的，应当认定为有效。

如果劳动者能举证证明该私了协议存在重大误解或显失公平等情形，符合合同变更或撤销情形则可以主张相应权利。

如果协议是在劳动者未经劳动行政部门认定工伤和评定伤残等级的情形下签订的，且劳动者实际所获补偿明显低于法定工伤保险待遇标准的，可以与用人单位协商变更或者向仲裁机构或人民法院请求撤销。

本案中，李某未进行工伤认定和伤残等级评定便签署私了协议，致使自己获得的补偿明显低于法定工伤保险待遇的标准，与单位协商不成，只能通过诉讼方式维权，增加了维权成本和时间跨度。

三、签订私了协议的注意事项

建议协议签订前申请工伤认定和评定伤残等级，将工伤事故进行定性，并对各方的权利义务进行明确。

鉴于员工的劳动能力鉴定结果会直接影响员工的工伤保险赔偿标准及待遇。因此，在协议签订前，建议员工先进行劳动能力鉴定。

对于赔偿的项目范围、具体类别，可以参照《工伤保险条例》第 29 条至第 43 条的相关规定。

对于放弃其余权利之条款，如本案中出现的"协议签订后，双方再无任何纠纷，李某不得要求后续任何赔偿"类似条款，应谨慎签署，避免对己产生的不利影响。

93. 劳动者加班未经审批，是否有效？

□ 白小雨

【案情简介】

2013 年 12 月 16 日，王某与易购公司签订了书面劳动合同书，约定王某到易购公司从事生鲜/烘焙课（部门）岗位，约定实行标准工时制。入职时，易购公司要求王某签订员工声明，声明内容包含员工已知悉《员工加班管理办法》。《员工加班管理办法》规定："员工每天开始和结束工作时均需打卡，所有加班须由管理层负责安排；员工和其直属领导说明加班的必要性并填写加班申请核准单。"王某按要求签订，表示已知悉《员工加班管理办法》内容。2015 年 9 月 30 日，易购公司门店关闭，双方终止履行劳动合同。王某认为自己周末多次加班，易购公司并未发放加班费，应支付二倍工资，但易购公司主张已安排王某调休故不予支付，双方无法达成一致，王某遂向仲裁委提起仲裁，被驳回后，王某向法院提起诉讼。

【判决结果】

驳回王某的诉讼请求。

【律师解读】

为避免员工无故延长工作时间来主张加班费，现实中不少单位规定"加班审批制"，要求必须经审批的加班才有效，否则不予支付加班费。但只要未审批加班就无效吗？实践中，仲裁委、法院会结合员工是否实际加班、所做工作是否超出规定等来认定。如员工主张自己实际加班，可举证加班通知、工资条（发部分加班费）、加班审批单、同事的证人证言、部门全体人员或大多数人都加班的证据等；如员工所做工作超出规定，则可举证单位增加劳动定额的证据、合同中要求的工作量等。如上述证据在单位手中，但单位拒不提供的，依据《最高人民法院关于审理劳动争议案件适用法律若干问题的解释（三）》第九条"劳动者主张加班费的，应当就加班事实的存在承担举证责任。但劳动者有证据证明用人单位掌握加班事实存在的证据，用人单位不提供的，由用人单位承担不利后果"。员工可向仲裁委、法院主张由单位承担不利后果。

本案之所以败诉，王某虽然加班，但易购公司安排了调休，依据《劳动部关于贯彻执行<中华人民共和国劳动法>若干问题的意见》第七十条："休息日安排劳动者工作的，应先按同等时间安排其补休，不能安排补休的应按劳动法第四十四条第二项的规定支付劳动者延长工作时间的工资报酬。"故易购公司安排补休后，就不用按照二倍工资标准支付王某双休日加班费了。

94. 年底离职，是否能主张年终奖金？

□ 耿　珂

【案情简介】

陈某于 2015 年 2 月 1 日入职 A 公司，岗位为项目经理。2019 年 8 月，调岗为客户经理。2019 年 10 月 25 日，A 公司向陈某送达《解除劳动关系通知书》，以陈某 2019 年 8 月 1 日起不能胜任客户经理岗位，且公司再无适合陈某的空缺岗位为由，于 2019 年 11 月 7 日对陈某提出解除劳动关系。2019 年 11 月 7 日，陈某与 A 公司解除劳动合同关系。后陈某向北京市通州区劳动人事争议仲裁委员会（以下简称仲裁委）提起仲裁申请，要求 A 公司支付违法解除劳动合同赔偿金及 2019 年 1 月 1 日至 10 月 28 日期间年终奖金。仲裁委作出仲裁裁决支持了陈某的仲裁请求。A 公司不服该裁决，向法院提起诉讼，请求法院判令其无需支付违法解除劳动合同赔偿金及年终奖金。

【判决结果】

法院判决 A 公司向陈某支付违法解除劳动合同赔偿金 255350 元及年终奖金 40509 元。

【律师解读】

员工在年底离职后能否向用人单位主张年终奖金？

在本案中，A 公司主张因陈某考核结果及工作表现未达标，且其服务不满一个财务年度，不应向其支付年终奖金。为此，陈某提交了 A 公司的《薪酬调整通知单》《客户经理职责与绩效目标》《2019 年业务前端客户经理岗位考核目标》等文件，其中《薪酬调整通知单》第三条显示，"A 公司将综合考量陈某的考核结果、工作表现、出勤情况，有权决定是否发放年终奖以及最终发放数额"。但法院认为 A 公司与陈某解除劳动合同的行为属违法解除，不符合《薪酬调整通知单》中约定的陈某提供劳动服务不满一个财务年度，而与其解除劳动关系的情况。双方对年终奖金的发放标准有明确的约定，且陈某于 2019 年度的个人考核结果为合格，符合年终奖的支付条件，A 公司亦未提交其他确实有效的证据，证明陈某不符合年终奖金的支付条件。故 A 公司要求不予支付陈某于 2019 年 1 月 1 日至 10 月 28 日期间年终奖金的请求，并无事实及法律依据，应向陈某支付年终奖金。

年终奖，是用人单位根据自身的经营状况，每年度末给予员工的奖励，是对员工一年来工作业绩的肯定。但是，法律对年终奖金并没有硬性规定，是否发放以及发放标准属于用人单位自主决定的权限范围。对于年底离职是否可以主张年终奖的争议，往往需要根据不同的情况来判断。

首先，年底离职后是否能主张年终奖金，往往要看用人单位和劳动者双方是否在劳动合同中有相关的合理约定。用人单位的规章制度中是否有关于年终奖金的规定，如果双方对此没有明确约定，则向劳动者发放年终奖金并非用人单位的法定义务，用人单位不发放年终奖的话，并不违法。

其次，如果用人单位与劳动者之间对年终奖金的发放时间、标准、条件等做出明确约定，或者在集体劳动合同或规章制度中约定，且离职员工已经通过考核，或者用人单位应对离职员工未考核承担责任，在此情况下，即使劳动者离职，仍有权要求用人单位发放。

最后，若用人单位未规定年终奖发放需要考核，但其他在职员工都已经发放年终奖，如果没有约定或约定不明的，根据同工同酬的原则，即使劳动者已经离职，年终奖同样是需要按相应的标准发放给劳动者。我国《劳动法》规定工资分配应当遵循按劳分配原则，实行同工同酬。年终奖的法律性质是劳动报酬，所以也须遵循同工同酬的原则。但劳动者需要注意离职后主张年终奖的仲裁时效，依据《劳动争议调解仲裁法》第 27 条第 4 款规定："劳动关系存续期间因拖欠劳动报酬发生争议的，劳动者申请仲裁不受本条第一款规定的仲裁时效期间的限制；但是，劳动关系终止的，应当自劳动关系终止之日起一年内提出。"所以，劳动者主张年终奖的，应当在劳动关系终止之日起一年内提出，否则将会丧失胜诉权。

由此可见，年终奖金的发放一般需要遵循"约定优先"的原则。在没有约定时，也可以援引"同工同酬"原则，单位不得无故克扣。从劳动者的角度来看，在入职时，劳动者大多已与用人单位就工作岗位、薪酬待遇等事项达成一致，为避免纠纷发生，应将上述薪酬待遇等事宜落实在纸面上，写入书面劳动合同中。同时注意保存相关证据，例如，劳动合同、公司规章制度、涉及薪酬问题的录音录像等，出现问题时，可以第一时间与用人单位进行沟通，避免处于弱势；从用人单位的角度来看，用人单位在作出是否发放年终奖金的决定时，必须符合与劳动者之间的劳动合同约定以及经过民主程序制定且已公示，或者告知劳动者的公司规章制度，完善劳动合同及薪酬管理办法等内部规章制度，明确规定离职员工不能享受年终奖金，并在离职手续上由员工签字确认其与公司关于工资、奖金等经济事项已结算完毕且双方再无争议，避免再因此产生纠纷。

95. 用工单位缴纳社保补贴款，是否等于缴纳社保？

□ 张　颖

【案情简介】

陈某系外埠农业户口，2008年6月1日入职东林公司担任电焊工，双方签订了为期五年的劳动合同。入职后，陈某多次要求东林公司为其缴纳社会保险，均被公司以各种理由推诿拒绝。2011年9月，陈某以东林公司长期不为其缴纳养老及失业保险为由提出辞职。后陈某通过诉讼程序要求东林公司支付未缴纳养老赔偿金、未缴纳失业保险一次性生活补助费以及解除劳动关系经济补偿金。

诉讼期间，东林公司主张每月向陈某支付的工资中已包含了社保补贴款，故无需承担未缴纳养老保险与失业保险的相关法律后果。东林公司向法院提供了载明陈某工资构成的统计表，并未载有陈某签字。陈某表示从未见过上述统计表，其工资由基本工资、岗位工资和餐补等各类津贴构成，并不包括社保补贴款。

【判决结果】

东林公司应依据陈某的工资标准和工作年限，向其支付解除劳动合同经济补偿金。

【律师解读】

法院经过审理认为，为劳动者缴纳社会保险是用人单位的法定义务。东林公司虽主张随工资发放社保补贴款，但未就此提交充分有效证据证明，且陈某对该主张亦不予认可，对该主张法院不予采信。退言之，即便东林公司确实支付了社保补贴款，亦不能免除其为劳动者缴纳社会保险的法定义务，而只能在向劳动者支付的未缴纳社会保险赔偿款中予以折抵，或在为劳动者缴纳社会保险后要求予以返还。东林公司未为陈某缴纳在职期间的养老保险和失业保险，应支付陈某未缴纳养老保险赔偿金以及未缴纳失业保险一次性生活补助费。同时，陈某因该公司未依法为其缴纳养老保险和失业保险提出辞职，属于《劳动合同法》规定的用人单位支付解除劳动合同经济补偿金的情形。故东林公司还应依据陈某的工资标准和工作年限，向其支付解除劳动合同经济补偿金。

社会保险作为国家社会保障制度的重要组成部分，对劳动者起着至关重要的保障作用。用人单位通过各种手段不为劳动者缴纳社会保险，应当承担相应的法律责任。就农民工而言，如果用人单位不为农民工缴纳社会保险，在双方解除或者终止劳动关系后，用人单位应该支付农民工养老保险补偿金和一次性失业生活补助费；如劳动者出现患病、生育及工伤等情形，用人单位还需要支付相应的医疗费、生育费以及工伤赔偿等。

在用人单位确存在未依法为劳动者缴纳社会保险的情形下，劳动者据此提出解除劳动合同的，用人单位还应当向劳动者支付解除劳动合同经济补偿金。司法实践表明，用人单位逃避社会保险缴纳义务，不仅损害了劳动者的合法权益，导致其无法享受相关社保待遇，对企业自身利益也会造成相关损害。根据《劳动法》第72条规定，用人单位和劳动者必须依法参加社会保险，缴纳社会保险费。劳动者在退休、患病、负伤、因工伤残或者患职业病、失业、生育情形下，依法享受社会保险待遇。可见，为劳动者缴纳社会保险是用人单位的法定义务。

96. 入职申请表未交付员工，是否属于劳动合同？

□ 高 庆

【案情简介】

2017年3月27日，小王在某快递公司入职，填写了《员工入职表》后就做了快递小哥。《员工入职表》载明了工作岗位为揽件员、派件员，未载明劳动报酬、工作期限、工作地点。小王填写了该入职登记表后，由快递公司予以保管，并未交付给小王。2017年8月19日，双方因工作矛盾，不欢而散。小王向劳动人事争议仲裁委员会申请仲裁，要求确认工作期间双方存在劳动关系，并支付未签订劳动合同二倍工资差额8731元。

【仲裁结果】

一、快递公司与小王于2017年3月27日至2017年8月19日存在劳动关系。

二、快递公司向小王支付未签订劳动合同二倍工资差额8731元。

【律师解读】

笔者认为，劳动合同是用人单位与劳动者之间确立劳动关系，明确双方权利义务的协议。法律规定建立劳动关系应当签订书面劳动合同，旨在更好地保护当事人的合法权益，使当事人的权利与义务固定下来，稳定劳动关系，至于采取何种书面形式或格式法律并没有更具体的强制性规定。因此，对书面劳动合同的形式认定可以适当放宽，可将具有劳动合同主要条款的非劳动合同书形式的文件认定为书面劳动合同，从而公平保护用人单位与劳动者的合法权益。

而参照最高人民法院发布的公报案例来看，对于"具有劳动合同主要条款"应具备的要素范围，应有工作部门、工作地点、聘用期限、试用期、工资待遇等条款。从同案同判的角度来看，至少具备上述条款的入职或录用文件才可以视为劳动合同。具备上述条款的入职或录用文件还应当交付于劳动者持有，才可以视为双方签订了劳动合同。

其逻辑在于，劳动合同作为协议，劳资双方系各持一份，在双方发生争议时，可以起到证明劳动关系以及双方权利义务的作用，如果将未交付劳动者持有而是由用人单位单方持有的入职登记文件视为劳动合同，明显有悖于劳动合同的协议性质，损害劳动者的合法权益，架空劳动合同的目的，使劳动者与用人单位发生劳动争议时，无法证明双方的权利义务，甚至无法证明与用人单位之间存在劳动关系。故，即使在入职或录用文件完全具体前述要素的情况下，依据公报案例的事实查明情况，劳动者是否持有入职或录用文件，亦是认定该入职或录用文件是否可以视为劳动合同的重要条件。

结合本案，快递公司所主张的《员工入职表》应视为劳动合同，并不具备前述公报案例所载明的"劳动报酬、工作部门、工作地点、聘用期限"等必备条款。同时，也未将该《员工入职表》交付给小王。故快递公司主张将上述文件视为劳动合同不能成立。

97. 员工不同意调岗，单位以"旷工"辞退合法吗？

□ 白小雨

【案情简介】

贾某于 2015 年入职于某光伏公司，岗位为电气工程师，2018 年 10 月 15 日，贾某通过公司 OA 办公系统申请调休假，并于 2018 年 10 月 16 日至 19 日休假 4 天，休假后继续回公司上班。2018 年 11 月 8 日光伏公司向贾某下达了岗位调动通知书，安排贾某到该光伏公司所属项目公司招远公司工作，岗位为运维值班员，原告不同意调岗，要求按劳动合同执行原岗位及薪酬待遇，其未到招远公司上班，仍留守于原光伏公司的行政职能中心至 2018 年 11 月 15 日。2018 年 11 月 15 日，光伏公司以招远公司名义向贾某下达了《违纪辞退通知书》，以贾某 2018 年 10 月 16 日至 19 日连续旷工 4 天（请休假未批准）、2018 年 11 月 8 日至 15 日连续旷工 8 天（未按要求时间到岗）为由，解除了原告的劳动关系，贾某不服并于 2018 年 11 月 22 日向劳动仲裁委申请仲裁，仲裁委裁决确认光伏公司对贾某作出的违纪辞退通知书合法有效，未支持贾某请求，贾某不服遂向法院提起诉讼，请求依法判令撤销《违纪辞退通知书》、双方继续履行劳动合同、光伏公司支付贾某差额工资及违法辞退经济补偿金等。

【判决结果】

一、光伏公司应于本判决发生法律效力之日起七日内，给付贾某 2018 年 10 月份工资 12602 元、11 月份工资 6373 元、经济赔偿金 88214 元、年终奖 50536 元、代理费 3000 元，共计 160725 元。

二、驳回贾某的其他诉讼请求。

【律师解读】

根据《劳动法》的相关规定，下列情况下，用人单位可以调整岗位：

（1）劳动合同中明确约定用人单位可以根据需要调整工作岗位的，用人单位可以按劳动合同约定予以调整。

（2）劳动者被证明不符合试用条件，经与员工协商，可以调整岗位。

（3）劳动者患病或者非因工负伤，规定的医疗期满后，不能从事原工作的。

（4）劳动者不能胜任原工作，可以调整工作岗位。对是否胜任原工作，由用人单位承担证明责任。

《劳动合同法》第35条规定："用人单位与劳动者协商一致，可以变更劳动合同约定的内容。变更劳动合同，应当采用书面形式。"

结合本案光伏公司系基于贾某"旷工"12天将其辞退。从贾某提供的公司OA办公系统显示，贾某在2018年10月15日申请调休后，申请表仅有副总经理意见栏为不同意，且贾某微信向领导发送调休申请后，部门负责人、副总经理、总经理并未明确表示不同意贾某调休，而在2018年10月16日早晨7点51分，总经理回复"尽快沟通"时，贾某已于2018年10月16日开始休息了。故贾某的申请调休不能视为旷工。光伏公司在贾某调休后，并未按照员工考勤办法与其解除劳动关系，而是于2018年11月8日向贾某下达了岗位调动通知书，因工作地点、工作岗位、薪酬变化较大，贾某不同意调岗，继续在原工作地点光伏公司留守至2018年11月15日。故光伏公司以贾某连续旷工两次为由解除劳动合同与事实不符，属于违法解除劳动合同。鉴于本案实际情况，双方劳动合同已经不能继续履行，光伏公司违法解除了合同，应依据法律规定向贾某支付差额工资、赔偿金等。

第五部分 行政法篇

98. 省政府作出的行政复议决定书，法院为何撤销？

□ 娄 静

【案情简介】

陈某某为海南省洋浦经济开发区居民，在洋浦开发区所在辖区拥有宅基地，并在宅基地上建有房屋，在20世纪90年代宅基地变更为国有土地，陈某某和全家人一直居住至案涉房屋被强制拆除前。2017年9月陈某某房屋所在地因修建公路项目，陈某某的房屋及地上附着物被征收，陈某某所在辖区的开发区管委会发布《搬迁公告》，要求项目所在地的居民在限定期间内搬迁。开发区管委会在未经依法作出征收决定、未对被征收房屋进行评估，未与陈某某协商的情况下，径行作出《房屋征收补偿决定》后便直接将陈某某的房屋实施强制拆除，陈某某因对《房屋征收补偿决定》不服，以开发区管委会为被申请人，向海南省人民政府申请行政复议，海南省人民政府作出维持被申请人的《行政复议决定书》。陈某某依法委托娄静律师提起行政诉讼。

【判决结果】

撤销开发区管委会作出的《房屋征收补偿决定》，撤销海南省政府作出的《行政复议决定书》。

【律师解读】

一、开发区管委会作出的《房屋征收补偿决定》事实认定不清

开发区管委会本次搬迁是根据1992年人口普查结果，作为2017年公路建设项目的调查结果，其明显属于事实认定不清，无法保障被征收人的合法权益，开发区管委会作出的《房屋征收补偿决定》属于事实认定不清。

二、开发区管委会作出《房屋征收补偿决定》的程序违反法律规定

首先，开发区管委会未依据《国有土地上房屋征收与补偿条例》在作出房屋征收补偿决定前，作出征收决定；其次，本案中，开发区管委会征收所依据的浦管〔2017〕73号文未对征收补偿方案进行论证并公布，未征求公众意见满30日，未将征求意见情况和根据公众意见修改的情况及时公布，违反了《国有土地上房屋征收与补偿条例》的规定，而仅凭工委会审议通过，便要求遵照实施，严重侵犯了被征收人的合法权益；最后，开发区管委会在作出《房屋征收补偿决定》前，未对陈某某的房屋依法委托评估公司进行评估。

三、省政府作出的琼府复决〔2018〕202号《行政复议决定书》对《房屋征收补偿决定》所认定的事实不清，应予以撤销。程序上违反《行政复议法》第三十一条的规定

国务院于2011年1月21日发布的《国有土地上房屋征收与补偿条例》是依法保障国有土地上房屋被征收人的合法权利的主要依据，也是规范征收方在实施国有土地上房屋征收活动中的重要依据。该条例对被征收人在收到《征收决定》《征收补偿决定》时，可采取行政复议或行政诉讼的方式进行救济也进行了明确的规定。

99. 对收回闲置国有土地使用权的补偿标准，地方政府如何界定？

□ 韩英伟

【案情简介】

2007年3月，某公司通过公开挂牌出让方式取得642351.28平方米国有土地使用权。2012年，市国土局作出的多份函件中，认为涉案土地存在权属纠纷和征地遗留问题，暂缓报建，待问题解决后再进行申报。市政府亦认可涉案土地未开发是政府原因所致。

2017年，市国土局告知某公司涉案土地构成闲置土地并拟有偿收回涉案土地使用权，但双方协商未达成一致意见。2018年1月3日，市政府向某公司作出了收地决定书，以促进国民经济和社会发展等公共利益需要为由，决定收回涉案土地的国有建设用地使用权，并按照2015年某省人民政府作出的《关于进一步做好闲置土地处置工作的通知》（以下简称通知）给予适当补偿，"适当补偿标准按通知规定中的市场价格评估标准执行"。某公司不服补偿费标准，提起行政诉讼，请求撤销该决定书。

市中级人民法院一审认为，涉案土地因政府原因导致闲置，市政府因促进国民经济和社会发展公共利益需要，决定有偿收回涉案土地，认定事实清楚，驳回某公司的诉讼请求。当事人提出上诉。

【判决结果】

二审判决驳回上诉，维持原判。

【律师解读】

2015年某省人民政府作出的《通知》规定，有偿收回国有土地使用权的补偿标准适用于因政府原因导致土地闲置、政府部门与土地使用者协商一致的情形。土地同时存在因政府原因造成闲置和因公共利益需要使用土地的情形下，政府既可通过闲置土地处置程序，有偿收回土地使用权；也可通过因公共利益需要国家依法有偿提前收回程序，收回土地使用权。为公共利益需要而收回国有土地使用权的，对使用权人应当给予适当补偿。

因此，本案中市政府依据《通知》规定，对某公司的涉案土地使用权作收回处理，同时给予适当补偿。

根据《土地管理法》第五十八条规定：1. 为公共利益需要使用土地的；2. 实施城市规划进行旧城改建，需调整使用土地的，对土地使用权人应当适当给予补偿。该款规定的"适当补偿"应当是公平合理的补偿，即综合考虑被收回土地的性质、用途、区位、评估方法、闲置原因等因素，参考市场价格予以补偿。因此，补偿标准可参考市场价格来定。

同时，依据《通知》中规定，因政府原因造成土地闲置的，以协议方式收回闲置土地使用权的价格，可以按照土地使用权人已缴交的土地出让价款、前期合理投入，以及自土地出让金缴纳之日和前期合理投入资金之日至收回土地使用权期间利息总额予以确定；如该价格高于市场评估价格的，按照市场评估价格协议收回土地使用权。

本案中，市政府依据《通知》规定，按照市场评估价格作为收回涉案土地使用权的补偿标准。

100. 颁证行为影响通行，相邻权人告政府合法吗？

□ 刘会民

【案情简介】

某县梁某等 14 户居民自 20 世纪 80 年代在城关镇西街集贸市场西侧居住，双方没有相邻土地纠纷，该 14 户居民长期通过集贸市场向北通行至卫生路。2015 年，某县政府将该市场列为旧城改造项目进行拆迁安置，拟房地产开发。经协商沟通，14 户居民由原来经市场向北出行改为经市场的西部原一条旧路向南出行。2016 年，某房地产开发公司通过政府招拍挂竞拍到该集贸市场的土地，政府为其办理了国有土地使用权证，并在使用过程中保留了该块土地西部的旧路供 14 户居民向南通行。2017 年，14 户居民认为政府颁证行为损害其正常通行权，应该向北出行至卫生路，遂以颁证程序违法为由提起行政诉讼，请求撤销该国有土地使用权证。某市中级人民法院认为梁某等 14 户居民具有原告主体资格，某县人民政府颁证行为违反法定程序、且明显不当等理由，撤销某县人民政府颁发的国有土地使用权证。某县人民政府、某房地产开发公司不服，提起上诉，某省高级人民法院驳回上诉，维持一审判决。某房地产开发公司不服，申请再审，最高人民法院对本案提审。

【判决结果】

撤销某市中级人民法院行政判决；撤销某省高级人民法院行政判决；驳回梁某等 14 户居民起诉。

【律师解读】

本案争议的焦点是梁某等 14 户居民是否具有一审原告主体资格，起诉政府是否符合法律规定。

根据《中华人民共和国行政诉讼法》第二十五条第一款的规定："行政行为的相对人以及其他与行政行为有利害关系的公民、法人或者其他组织，有权提起诉讼。"本案中，梁某等 14 户居民与原集贸市场没有土地边界纠纷，某房地产公司通过政府土地招拍挂程序取得了涉案土地的使用权。此后，该开发商没有改变涉案土地的四至和基本使用现状，在此情况下，被诉颁证行为并未涉及土地边界的变化。此外，从本案民事起诉状内容看，梁某等 14 户居民亦承认彼此之间不存在土地及地上附着物的权属争议。所以，虽然双方土地相邻，但本案争议的实质问题并非土地权属纠纷，而是梁某等 14 户居民因旧城改造项目产生的相邻通行权问题。《最高人民法院关于执行〈中华人民共和国行政诉讼法〉若干问题的解释》第十三条第一项规定："有下列情形之一的，公民、法人或者其他组织可以依法提起行政诉讼：（一）被诉的具体行政行为涉及其相邻权或者公平竞争权的。"据此，相邻权受损属于行政诉讼原告适格的情形之一，但该条规定应当理解为权利人只能就对相邻权产生直接影响的行政行为提起诉讼，而不能理解为只要涉及相邻权，权利人即可对所有相关行政行为进行诉讼。

本案中，直接影响梁某等 14 户居民通行权的是政府有关部门的规划行为及其与该 14 户居民之间的相关民事权利义务关系，土地登记部门的颁证行为本身没有对 14 户居民的合法通行权产生直接影响，14 户居民以违反法定程序为由质疑被诉颁证行为的合法性，无助于其权利的救济，也无法实现其提起本案诉讼的最终目的，其与本案被诉的土地颁证登记行政行为不具有法律上的利害关系，无权提起本案行政诉讼，其起诉依法应予驳回。对于 14 户居民的相邻通行权问题，其可以通过其他途径予以救济。一审法院判决撤销某县人民政府颁发的国有土地使用权证，二审法院驳回上诉，维持原判，属适用法律错误，依法应予纠正。故最高人民法院撤销两级法院的行政判决，驳回梁某等14户居民起诉。

101. 林业局颁布的采伐许可证，为何被法院撤销？

□ 温奕昕

【案情简介】

2019年，杨某承包新疆伊犁某草场400亩后植树造林，依法取得《林权所有权证》，政府因修建高速公路需要穿越杨某的林场。某林业局在属地乡政府及村委会的申请下未通知杨某，直接作出《林木采伐许可证》砍伐杨某的林木。杨某认为林业局作出的行政行为严重违反法定程序，存在重大错误，现根据《行政诉讼法》有关规定向新疆伊犁地区某法院申请撤销《林木采伐许可证》。

【判决结果】

一审新疆某法院判决撤销《林木采伐许可证》和《林木采伐通知单》。一审宣判后，某林业局不服上诉，二审新疆高级人民法院某分院维持一审判决。

【律师解读】

第一，根据《行政诉讼法》第三十四条规定："被告对作出的行政行为负有举证责任，应当提供作出该行政行为的证据和所依据的规范性文件。"本案中，虽然某林业局提供了《林木采伐申请表》《林木采伐审批表》《林木采伐公示》等作出《采伐许可证》的证据，但是这些证据申请人却载明为"杨某",明显与事实不符。而且某林业局也无法提供杨某申请采伐其树木的书面申请;无法提供在颁发该林木采伐许可证是告知杨某的证据;无法提供补偿的证据。却在这种情况下直接颁发林木《采伐许可证》,明显不符合法律规定。

第二,《行政许可法》第三十六条规定:"行政机关对行政许可申请进行审查时,发现行政许可事项直接关系他人重大利益的,应当告知该利害关系人。申请人、利害关系人有权进行陈述和申辩。行政机关应当听取申请人、利害关系人的意见。"本案中,涉案林地属杨某所有,但林业局从未听取杨某的意见,属于程序违法明显依据不足。

根据以上两点再结合《行政诉讼法》第七十条的规定:"行政行为有下列情形之一的,人民法院判决撤销或者部分撤销,并可以判决被告重新作出行政行为:(一)主要证据不足的……(三)违反法定程序的。"故新疆某法院判决撤销《采伐许可证》及对应的《林木采伐通知单》,于法有据。

102. 提交申请商标使用证据后,行政诉讼为何仍败诉?

□ 李 楠

【案情简介】

被告国家知识产权局做出的商评字[2020]第198545号《关于第40359652号"得到及图"商标驳回复审决定书》(以下简称被诉决定),被诉决定认为:申请商标与引证商标一至四构成使用在同一种或者类似商品上的近似商标,故裁定,申请商标在复审商品上的注册申请予以驳回。

原告得到(天津)文化传播有限公司(以下简称得到公司)不服被诉决定,向一审法院提起行政诉讼,一审法院作出相同认定,判决驳回得到公司的诉讼请求。原告不服，提起上诉。

【判决结果】

驳回上诉，维持原判。

【律师解读】

关于近似性：得到公司已确认申请商标核定适用商品与四引证商标构成相同或类似商品，故仅比对商标标识是否构成近似。

引证商标一"G.E.T."为文字商标，其中"GET"为其显著部分，该词通常译为"得到"；引证商标二为一只猫头鹰头部与一个环形组成的图形商标，其中猫头鹰头部为其显著部分；引证商标三系由字母"noctua"与猫头鹰头部图形组成的图文商标；引证商标四为"THE THAT 得到"文字商标。

首先，申请商标为图文商标，由文字部分"得到"，与图形部分书形及猫头鹰头部组成。其中，文字部分"得到"与引证商标一、引证商标四在文字含义/构成等方面近似；其次，法院认为，申请商标图形部分的猫头鹰头部，与引证商标二、引证商标三的猫头鹰头部图形的构图要素、设计风格和整体视觉等方面接近。综上，申请商标与四引证商标分别构成商标近似，若其共存于相同或类似商品上，易导致相关公众混淆误认。因此，申请商标与四引证商标分别构成相同或类似商品上的近似商标。

关于知名度：得到公司于二审期间提交了有关其知名度的证据，如有关海报、照片、文章、下载数据等。然而法院认为，商标驳回复审行政诉讼中，由于引证商标权利人无法参与到诉讼程序中，亦无法提交有关于引证商标知名度的证据，此时若仅依据申请商标知名度来判断其与引证商标是否可以相区分，对引证商标权利人并不公平。因此，商标驳回复审行政诉讼中，判断商标是否近似还应着眼于商标标志本身是否近似，而不宜考虑申请日后的使用情况和知名度。且得到公司提交的证据不足以证明其已于各引证商标申请日前于相应商品上具有一定知名度，并足以与各引证商标相区分。

基于上述情况，二审法院最终认为得到公司上诉理由不成立，未能支持其上诉请求。

103. 行政机关对举报人未依法处理，是否具有可诉性？

□ 韩英伟

【案情简介】

原告罗某在某市某电信营业厅办理手机号码时，该电信公司收取了原告20元卡费并出具了发票。原告认为该电信公司收取原告首次办理手机号码的卡费，违反了《集成电路卡应用和收费管理办法》中不得向用户单独收费的禁止性规定，故向被告某市物价局举报，并提出了要求被告履行法定职责进行查处和作出书面答复等诉求。被告虽然出具了书面答复，但答复函中并没有对原告举报信中的请求事项作出处理，原告罗某遂以被告的行为违反了《中华人民共和国价格法》等相关法律规定，诉诸法院，请求法院确认被告某市物价局在处理原告举报事项中的行为违法，依法撤销被告的答复，判令被告依法查处原告举报信所涉及的违法行为。被告某市物价局则辩称：原告的起诉不符合《行政诉讼法》的有关规定，被告对原告作出的答复不是一种具体行政行为，不具有可诉性。请求法院依法驳回原告诉讼请求。

【判决结果】

撤销某市物价局《关于对罗某＜申诉书＞办理情况的答复》，限其在十五日内重新作出书面答复。宣判后，当事人未上诉，判决生效。

【律师解读】

本案主要涉及到以下两个关键的问题：

1. 告知性举报答复的可诉性问题

根据《行政诉讼法》第十二条规定，人民法院受理公民、法人或者其他组织提起的下列诉讼：（六）申请行政机关履行保护人身权、财产权等合法权益的法定职责，行政机关拒绝履行或者不予答复的。本案中该市物价局虽予以答复，但避重就轻、文不对题，对当事人举报的涉及个人权益的具体事项并未作出相应处理，未能依法履行保护举报人财产权的法定职责，原告罗某直接起诉该答复行为，并不违反《行政诉讼法》的有关规定。

2. 举报人的原告主体资格问题

根据《行政诉讼法》及相关司法解释的规定，举报人就其举报处理行为提起行政诉讼，必须与该行为具有法律上的利害关系。本案中，罗某虽然要求该市物价局依法查处并没收所有电信用户首次办理手机卡被收取的卡费，但原告在办理手机号码时，该电信公司收取了其20元卡费并出具了相应发票，故罗某仍是基于认为该电信公司收取卡费的行为侵害了其自身合法权益，而后向该市物价局进行举报，并持有收取费用的发票作为证据。因此，罗某的举报事项虽然包含了要求物价局对电信公司一般违法行为的处理要求，但其自身也是电信公司物价违法行为的受害者，与举报处理行为具有法律上的利害关系，依法可以提起行政诉讼。

依法处理社会公众的有关举报，是行政机关的一项重要职责。但实践中对举报置之不理、不闻不问、避重就轻答复的现象较为普遍，这样既阻碍了当事人举报权利的实现，也放任了一些违法行为的发展。不少举报人为了保障合法权益的实现，就行政机关举报不作为以及不当的举报处理行为提起了行政诉讼。本案的审判处理积极回应了人民群众，对促进行政机关依法行政有着积极的作用。

104. 行政诉讼如何认定商标注册申请的主观恶意？

□ 李 楠

【案情简介】

原告法国某公司（简称 A 公司）、原告某集团股份有限公司（简称 B 公司）认为朱某某于第 9 类"光电开关（电器），电开关"等项目上申请注册的第 9108428 号"TCLIQLEGTCND"侵犯其商标权，遂向被告国家知识产权局提起商标无效宣告。国家知识产权局认为，诉争商标的注册未违反 2001 年《商标法》第四十一条第一款的规定，遂裁定：诉争商标予以维持。原告不服该裁定，向法院提起行政诉讼，一审法院同样认为诉争商标并未违反相关规定，遂驳回原告诉讼请求。后二原告不服一审法院判决，提起上诉。

【判决结果】

二审判决撤销一审法院作出的行政判决，撤销国家知识产权局作出的《关于第 9108428 号"TCLIQLEGTCND"商标无效宣告请求裁定书》。

【律师解读】

根据 2013 年《商标法》第四十五条第一款的规定："已经注册的商标，违反本法第十三条第二款和第三款、第十五条……规定，自商标注册之日起五年内，在先权利人或者利害关系人可以请求商标评审委员会宣告该注册商标无效。对恶意注册的，驰名商标所有人不受五年的时间限制。"

本案中，A 公司、B 公司提出无效宣告的时间已超过 5 年，故诉争商标的申请人是否具有主观恶意决定了本案能否适用本条规定。

那么，如何判断朱某某的申请注册行为是否为恶意注册呢？恶意具有主观性，可以依靠客观表现来判断，其是否具有主观恶意。想要知道其是否意图攀附引证商标的知名度，可以从以下几点来看：

一、诉争商标与引证商标的近似程度。本案中，诉争商标"TCLIQLEGTCND"完全包含了引证商标二"TCL"，若同时出现在相同或类似商品上，确实会导致相关公众混淆误认，或认为二者之间存在关联。

二、诉争商标与引证商标核定使用范围的关联关系。诉争商标核定使用范围"电开关"与引证商标核定使用范围"电视机、电话机"存在消费对象、销售方式等方面关联度较高的情况。

三、引证商标知名度情况。根据原告提交的广告宣传资料、行业排名信息等证据可以知晓，原告对引证商标在相关产品上进行了大量的宣传，且经过原告对引证商标的长期使用，已为相关公众所熟知。因此，引证商标于诉争商标申请日前，已然具有较高知名度。

故基于引证商标已于诉争商标申请日前具有较高知名度，其注册人在申请注册时，应尽到相应的注意义务，合理避让在先近似商标，避免相关公众造成混淆误认，或误导相关公众认为其与在先商标之间存在关联关系。

除此之外，本案中朱某某在其他类别商品上，还多次申请与引证商标相近似的商标，曾被国家工商行政管理部门认定其"具有明显的抄袭、摹仿他人知名商标的故意"，并被作出不予注册的决定。

综上所述，朱某某申请注册诉争商标明显具有恶意，难谓正当使用。

105. 申请商标无效被驳回后，如何成功为当事人维权？

□ 王　晔

【案情简介】

原告成立一家英语培训公司，为了宣传公司，2014年原告设计了"行动英语"商标，在相关宣传中使用，但未申请注册。2016年底原告所在地工商局对原告进行查处，称原告所使用商标为他人注册商标，侵害了他人商标专用权，要求原告停止使用并处以罚款。使用自己设计的商标竟然还会侵权且被罚？经调查，原来是北京某公司于2015年将该商标在相同类别上抢先注册了，并且该公司在取得了注册号为16286056"行动英语"的商标专用权后，竟然向原告所在地的工商局提出了商标侵权的举报，要求原告停止使用。原告陷入了两难之中，如果停止使用这个商标，积累多年的客户必然会流失一部分，如果不停止使用不仅会面临巨额的处罚，还会有民事赔偿及刑事风险。

为了维护自己的权益，原告向国家知识产权局申请注册号为16286056"行动英语"商标无效，该申请被国家知识产权局裁定驳回，维持了北京某公司商标的有效，原告只能向法院起诉。

在案件审理过程中，被告国家知识产权局称"原告主张的在先著作权没有提供著作权登记证书，所提供的证据没有经过公证，被告无法认定原告在先权利的存在。因此，被告作出的维持商标有效的裁定正确。"

第三人北京某公司称：涉案商标为其自行设计并申请的，原告的商标是对第三人商标的复制及模仿，第三人的商标真实有效。

【判决结果】

1. 撤销商评委作出的涉案商标无效宣告请求裁定。
2. 国家知识产权局就涉案商标所提无效宣告请求重新作出裁定。

【律师解读】

原告所主张的在先著作权是否存在，原告对于其在先著作权存在的证据充足程序需要达到什么样的标准？

本案的被告及第三人均主张，相关证据应当为第三方的公证书或著作权登记证书，没有上述证据，则无法认定原告所称的作品完成时间早于第三人。因此，对于原告享有在先权利的主张不予认可，要求维持第三人商标的有效性。

北京市盈科律师事务所王晔律师作为原告的代理人，认为原告所提交的相关证据已经足够且充分证明权利的存在及时间，依据《著作权实施条例》的规定，著作权登记申请并非为著作权的取得要件，创作过程是随机的，对著作权人所完成的作品不能苛以公证义务，不能强加给原告过多的举证责任。因此，原告的证据可以证明原告享有涉案商标的著作权，并且著作权取得的时间早于第三人申请的时间。至此第三人的商标侵犯了原告的在先权利，依据《商标法》的规定应当予以宣告无效。

法庭认为，本案证据已经形成较为完整的证明权属关系的证据链，可以证明原告系涉案作品的著作权人。

电子数据证据虽未经公证机关公证，但考虑到在本案纠纷发生之时创作行为早已完成，该行为难以被公证或以其他方式固定，对该电子数据类的证据形式要求恐对权利人过于严苛。在综合考虑出庭作证的证人证言、QQ聊天记录等证据的情况下，本院对上述电子数据证据的真实性予以认可，上述证据可以证明涉案作品创作完成时间为2014年9月14日，早于诉争商标的申请日。

本案属于申请注册商标损害在先著作权的典型案例，原告未将使用的商标及时申请注册导致他人有机可乘，而第三人依据拿来主义抢先注册他人使用中的商标，给双方都造成了不小的损失。在发生纠纷后，原告第一时间将相关证据进行收集，形成完整的证据链条是本案成功的关键。本案中法院也是依据证据链条完整，证明力可以达到确信的程度，最终支持了原告人的请求，本案具有典型的参考意义。

后 记 AFTER WORD

2021年7月1日,是中国共产党建党100周年。万众瞩目,举国欢庆。赓续伟大建党精神,不忘百年初心使命。站在第一个百年奋斗目标实现的历史时刻,回望来路,更觉壮怀激烈;展望前景,更是信心满怀。

盈科坚持"党建引领,建设全球领先律师事务所",秉承"全球视野,本土智慧",与时俱进,勇于创新。

截至目前,盈科律师事务所在中国国内拥有92家分所,盈科全球法律服务体系覆盖83个国家的145个城市,盈科北京已拥有一千名律师,盈科中国已拥有一万多名律师。

2019年7月16日,在盈科党委书记郝惠珍的指导下,"盈科律师一日一法"公众号创刊。经过韩英伟、张印富、曲衍桥、孙向阳、徐稔璎、娄静、何忠民、刘会民、杨倩、张其元、汤学丽、袁方臣等大力支持下,在车行义、刘涛、彭坤、钟强、康文平、庞敬涛、曹彤龙、高庆、赵爱梅、刘敏、刘高峰、张凤云、张鹏、白小雨、王阳、温奕昕、郭灿炎、郝耀华、安思霖、李韬等律师的辛勤工作下,2020年12月22日,"盈科律师一日一法"公众号案例集汇编的《"律师说法"案例集(1)》出版发行。2021年6月22日,根据"盈科律师一日一法"公众号案例集汇编的《"律师说法"案例集(2)》出版发行。2021年7月20日,"盈科律师一日一法"创刊两周年,经过编委会成员的共同努力,《"律师说法"案例集(3)》即将出版。

"盈科律师一日一法"公众号深受社会各界好评,深受广大读者喜爱。据不完全统计:兰亭新苑、TV法律微服务、夏邑孔子书院、盈科法律微观、文学之友、龙溪文学、青岛滩、世界韩氏文化园、律赢惠、法案聚焦、安徽友诉法法务咨询有限公司、合同法苑、华北诗苑、YK涉韩法律服务、法显迁善、海塘叶潮、绿豆圈法律服务平台、杭州司法、盈科昆山律师事务所、盈科成都律师事务所、盈科马鞍山律师事务所、盈科泰州律师事务所、盈科佛山律师事务所、盈科南宁律师事务所、盈科呼和浩特律师事务所、盈科天津律师事务所、盈科福州律师事务所、盈科南京律师事务所、盈科库尔勒分所等110家公众号转发；今日头条、搜狐网、新浪网、微博等200多家社会网站转载。公众号投稿作者92人，广大律师的积极参与是该案例集得以顺利出版的基础和保障。

《"律师说法"案例集（1）》选择的是公众号创刊至2020年4月30日刊发的案例，封面颜色是红色。《"律师说法"案例集（2）》选择的是公众号从2020年5月1日至2020年12月31日刊发的案例，封面颜色是橙色。《"律师说法"案例集（3）》选择的是公众号从2021年1月1日至2021年7月1日刊发的案例，封面颜色是黄色，全书总共分为五个部分，其中，民事法44篇，刑事法32篇，公司法12篇，劳动法9篇，行政法8篇，合计105篇。

彩虹有红、橙、黄、绿、蓝、靛、紫七种颜色。盈科案例集将会陆续出版，每集的封面采用彩虹的七种颜色顺序排列，寓意我们律师的案例多种多样，寓意我们盈科律师有丰富多彩的人生，更寓意我们盈科律师事务所如一道靓丽的彩虹，为当事人点亮希望，为法治社会作出更多贡献。

本书编委会从2021年7月1日开始，历经五次审稿。第一次审核以案例的意识形态是否正确为标准。第二次审核以案例是否有代表性为标准。第三次审核以题目是否能被广大读者接受为标准。第四次审核以案情简介、判决结果、律师解读是否存在法律适用错误为标准。第五次审核以文章的逻辑思维及个别字句是否有错误为标准。

展示盈科形象，宣传盈科文化，建设领先律所，是盈科人的主题；宣传法律政策，维护社会的公平与正义，是盈科人永恒的追求。

盈科律师事务所全球总部合伙人 **韩英伟**
"盈科律师一日一法"主编

2021年9月1日于北京